*Ten
Contemporary
Spanish Women Poets*

for Morgan

Ten Contemporary Spanish Women Poets

edited & translated

by

Terence Dooley

Shearsman Books

First published in the United Kingdom in 2020 by
Shearsman Books
P.O. Box 4239
Swindon
SN3 9FN

Shearsman Books Ltd Registered Office
30 – 31 St. James Place, Mangotsfield, Bristol BS16 9JB
(*this address not for correspondence*)

www.shearsman.com

ISBN 978-1-84861-722-3

Original texts copyright © the Authors
Translations and Afterword copyright © Terence Dooley, 2020

The right of Terence Dooley to be identified as the translator of this work has been asserted by him in accordance with the Copyrights, Designs and Patents Act of 1988.
All rights reserved.

ACKNOWLEDGEMENTS

The poems in this volume originally appeared in the following publications: Pilar Adón's poems appeared in *Da Dolor* (2020), *Las Ordenes* (2018) and *Mente Animal* (2014), all published by La Bella Varsovia, Madrid; Martha Asunción Alonso's poems are from *Detener la Primavera* (Ediciones Hiperión, Madrid, 2011) and *Wendy* (Pre-Textos, Valencia, 2015); Graciela Baquero's poems are from *Crónicas de Olvido* (Mundos Posibles Ediciones 2008 – 2nd edition); Mercedes Cebrián's poems are from *Muchacha de Castilla* (La Bella Varsovia, 2019); María Eloy-García's poems are taken from *Cuánto dura cuánto*, 2010, and *Los cantos de cada cual*, 2013 (El Gaviero Ediciones, Almería); some of Berta García Faet's poems are previously unpublished, while others are from *Corazón tradicionalista: Poesía 2008-2011* (La Bella Varsovía, 2011); Erika Martínez's poems are taken from *Color Carne* (2009), *El falso techo* (2013) and *Chocar con algo* (2017) all published by Pre-Textos; Elena Medel's poems are taken from *Mi primer bikini* (2002) and *Tara* (2006) both published by DVD ediciones, Barcelona, and *Chatterton* (2014) published by Visor Libros, Madrid; Miriam Reyes's poems are taken from *Desalojos* (Ediciones Hiperión, 2008) and *Haz lo que te digo* (Bartleby Editores, Madrid, 2015); Julieta Valero's poems are taken from *Los heridos graves* (DVD ediciones, 2005), *Autoría* (DVD, 2010), and *Que concierne* (Vaso Roto, Madrid, 2015).

CONTENTS

Pilar Adón / 7

Martha Asunción Alonso / 31

Graciela Baquero / 47

Mercedes Cebrián / 59

María Eloy-García / 75

Berta García Faet / 91

Erika Martínez / 119

Elena Medel / 133

Miriam Reyes / 151

Julieta Valero / 167

Afterword: Mountain Climbing / 182

Biographical Notes / 186

Pilar Adón

Estigma

Nunca la vi llorar. A mi abuela.
Se le salió la matriz por la vagina
y ella se la curó con limón
porque todo lo trataba con limón. Y con saliva.
Barro, humedad y fuego.
La punta babeada de los pañuelos en el batín.
Las medias de algodón. Agujeros en su faldagrís de abuela.
Y las capas de tela desdibujada
tras las que ocultar el calor enchufado a la trampa
que colgaba del techo.

No preguntar. No saber.
Metió el pulgar en la tierra y lo sacó negro.
Barro seco y disperso. Pedazos de ladrillo bajo las plantas.
Restos pegados a las púas del tenedor.

Elevaba el cuchillo por encima de los hombros.
Lo bajaba y lo hundía en la madera.
Cortaba las uñas a las niñas recién nacidas
para que cantaran bien, como ella.
Voz de ofrenda, voz de Pascua.
Conmigo no lo hizo.
Yo era de rodillas arañadas, picaduras de avispa.
Huida de insectos y huida de juegos.
Ser orgánico que crecía. Mudaba y crecía
al tanto de mi situación.
Con las manos alrededor, las cejas sobre las piernas.
O cruzada de brazos
caminando hacia el puente.
Botas altas al borde de la presa.
Sin admitir el abandono ni la pauta.
La cólera de la herencia.

Pilar Adón

STIGMA

I never saw her cry, my grandmother.
Her womb came out of her vagina,
she healed herself with lemon
because lemon was her cure-all. And saliva,
mud, water, fire.
Damp handkerchiefs in her dressing-gown pocket.
Cotton stockings. Holes in her grey grandma skirt.
And the faded cloth sheets
to hide the heater
plugged into the ceiling socket.

Never asking. Never knowing.
She stuck her thumb in the earth, it came out black.
Dry crumbs of mud. Brick chips from under the plants.
Bits of food stuck to the tines of the fork.

She raised the knife above her shoulders
and sunk it into the wood.
She cut the nails of newborn girls
so they'd sing true like her.
Voices of offering. Easter voices.
Not me, I was all
scabbed knees, wasp-stings,
a runaway from insects, runaway from play,
organic being growing, growing,
mute in the knowledge of who I was.
Wrapped in my arms, head on my knees,
or arms folded
walking to the bridge,
teetering in high boots on the edge of the dam.
Refusing abandonment and rules,
the anger at belonging to the tribe.

El bálsamo del humo distante. La calidez y el resguardo
de la casa. Carretera arriba.
La incertidumbre y el temblor
por si nadie volvía a buscarme.
Las burriagas del bocadillo. Las lágrimas tras el coche
que arrancaba y desaparecía.

Tanta traición. Tanta reverencia.
Sus papeles con tersura de piedra, base en los cajones.
Paños de cuadros quemados. Vasos sucios.

Perdió un hijo y un marido.
Se quedó ciega. Y la atamos a una silla
para evitar que se tirara al suelo y reptara hasta su patio
lejos de ancianos tendidos sobre las mesas,
unidos por su calidad de ancianos.
Derribados sobre falsos sofás.
Envueltos en falsas mantas y en sonrisas postizas.
Con las uñas crecidas y los labios prietos,
entre voces conocidas que arropaban en tonos azules
y por la mañana entregaban desayunos.

La piel, cápsula gris, respondiendo al pliegue de cada dedo.
En medio del orín y el desinfectante.

La niña se llamará Julia.
¿No ves la moto ahí fuera?

Siempre quiso estar en su casa, mi abuela.
Y ahora la van a vender por 30 000 euros.

The balm of distant smoke, the warmth and shelter
of the house. Up the road.
The fear and trembling no-one
would come to look for me.
Chocolate round my mouth. Tears
as the car pulled away.

Such betrayal. Such reverence.
Her drawer lined with paper smooth as stone.
Scorched tea-cloths. Dirty glasses.

She lost a son and a husband.
She went blind; we tied her to a chair
so she wouldn't throw herself on the floor and crawl
outside, away from the old people lying on tables,
with only old-age in common.
Lounging on fake sofas, swaddled
in ersatz blankets, and false smiles,
with nails like claws, mouths shut like traps,
surrounded by blue and sugary familiar voices
bringing breakfast in the morning.

Her skin a grey capsule each touch indents,
the rust and smell of bleach.

The girl must be Julia.
Can you see that bike out there?

She loved her house, my grandma.
It's yours for 30,000 euros.

¿Quién me va a cuidar cuando sea vieja?

> *No descuido la escritura,*
> *sino a mí misma.*
> —Ingeborg Bachmann

¿Quién me va a cuidar cuando sea vieja?
¿Quién me va a esperar, feliz de verme?
Cabello de nudos. Sin cepillados nocturnos.
Peines y espejos de plata.
Sola en mi sillón. Harta del cansancio y los sermones.
Sin hijos que me bañen,
me cocinen asado con puré,
me traigan jerséis de talla grande,
me laven los pies y las axilas
cuando queden ya pocos motivos para existir.
Vencida por los razonamientos
sobre aquello de recoger lo que se ha sembrado.
Celebraciones, cumpleaños y fiestas
en perspectiva de una soledad redonda.
¿Quién va a venir a verme
los fines de semana?
Si no soy madre.
Si vivo sin reconocer la devoción, el auxilio.
La ternura. Las visitas a los amigos dolientes.
Entre evasivas, papeles y libros,
alejada del sentimiento original.
Escapando de la llamada primera.
Sin saber qué es la entrega.
Qué la piedad. Qué la delicadeza
de los niños fotocopia. Su mente dulce y sencilla
como trozos de manzana asada. Como bolsas de osos Haribo.

¿Quién va a abrazarme cuando sea vieja?
Y esté sola. Y no haya quien quiera hablarme. Y las cortinas se prendan fuego
y las llamas asciendan hacia el techo. Y nadie pueda acercarse
al teléfono. Para llamar al servicio de extinción de incendios.

Who will care for me when I am old?

> *I don't neglect my writing,*
> *I neglect myself.*
> —Ingeborg Bachmann

Who will care for me when I am old?
Who will await me, glad to see me?
Tangled hair. With no-one to brush it.
Silver combs and mirrors.
Alone in my armchair. Sick and tired of sermons.
With no children to bathe me
or cook beef and mash for me,
bring me loose-fitting jumpers,
wash my feet and underarms,
when there's no reason now to go on living.
Overcome by the thought
that what you sow you reap.
Celebrations, birthdays, saints' days
spent alone.
Who will come and see me
at the week-end?
If I am nobody's mother.
If I live without acknowledging devotion, help,
tenderness. Visits to friends in pain.
Surrounded by excuses, paper, books,
unempathetic, distant.
Avoiding the urgent summons.
Not knowing dedication,
or pity, what the fragility
of children photocopies. Their sweet
and easy disposition, like slices
of baked apple, or packets
of Haribo Bears.

Who will take me in their arms when I am old.
When I'm alone, with no-one to talk to.

La llamada del día. La misma voz con tono diferente.
Según el tiempo, el frío, el cansancio o la estación.
Cada mañana. A las diez. Preguntando si es que sigo en casa.
Si estoy escribiendo. Si he dormido bien.
Qué voy a comer. Si el perro se porta igual.
Tan listo. Tan despierto. Con las mismas ganas de salir a la calle
y correr
hasta reventar. Desatarse y correr.
En su intento de lograr lo que más anhela
y persigue
tras su roja perspectiva de ojos llorosos:
no regresar al hogar.

También yo correría, mamá. También yo me desataría y reventaría.
En esta interminable tentación del malestar
que araña y mira como si fuera lo más normal. Venir
y quedarse.
La nevera que chirría. Las pezuñas del animal resbalando,
con correa y chapa, sobre el parqué.
Las palabras del vecino en el rellano del portal
clamando a sus hijos, clamando al portero que no recoge la basura,
al ascensor abierto en el sexto,
al presentador de los informativos matinales.
Hasta cuatro veces, pase.
Cuatro veces. O tres.
Pero ¿más?
¿Más?

La atracción del aturdimiento.
El embeleso de la apatía.

And the curtains catch fire
and flames lick the ceiling. And no-one
can get to
the telephone. To call the men
who put out fires.

The daily call. The same voice, its tone changing.
With the weather, the cold, with fatigue or with the season.
Every morning. At ten. Asking if I'm still home.
If I'm writing. If I slept well.
What I'm having for lunch. How the dog is.
Still as bright and lively. Still eager to get outside
and run
till he bursts. To slip his lead and run.
In his effort to achieve what he most yearns for
and seeks after
behind the red perspective of his weeping eyes:
to never go back home.

I would run away too, mum. I too would slip my lead and burst.
In this constant seductive misery
that scratches and gazes as if it were nothing out of the ordinary. Coming
to stay.
The fridge screeching. The creature's paws sliding,
with leash and tag, over the parquet.
The neighbour yelling on the landing
at his children, at the porter who hasn't taken the rubbish out,
at the open lift on the sixth floor,
at the daytime newsreader.
Four times, maybe.
Four times. Or three.
But, more?
More?

The lure of dazedness.
The beauty of apathy.

Y la lentitud. Los líquidos que humean al fuego.
Y las evasivas.
En la boca. En su misión de desterrar el encanto.
El tono anaranjado de las cosas.
El cepillado del pelo. La voluntad de estar bien.
Con un malestar que se asienta en la complacencia
(¿es que os habéis peleado?)
a lo largo de una llamada que lo deja todo desgreñado.
Y la voz que no es conversación sino pregunta
en busca de un consuelo extraño
basado en habladurías y temores.

Azufre y agua.
Y la cal con la que untan a los perros plagados de larvas
para que desaparezcan con cada quemadura en la piel.

Sí. También yo chirriaría, mamá.
También yo clamaría en el desorden en que hemos de sobrevivir.
Cuando lo normal es la transformación
y mi espíritu quiere lo permanente.
Cuando las horas se hacen cuidados
y no queda hueco para el reproche
en esta sumisión ante lo que puedan decir
esos labios llenos de llagas.
Esa voz.
La convicción de que han muerto las expectativas
ahora que ha desaparecido el pastor
y con él los mejores recuerdos.
Los preparativos. La ceremonia. Lo que vino después.
Cuando todos existíamos caminando
tras los pasos de la soñadora.

Ahora sabemos
lo que supieron los demás desde el principio.
Que los nuestros traicionan.
Que el entendimiento y el alma se hieren con la experiencia
y que el sentido es cero. El propósito, cero.

And lethargy. The liquids steaming on the stove.
And the evasions.
In the mouth. Her mission to exclude delight.
The orange-coloured things.
Brushing one's hair. The will to contentment.
With a misery becoming complacency
(have you two been quarrelling?)
throughout a conversation that tangles everything.
And the voice which isn't a conversation but a question
seeking a strange consolation
based on gossip and fear.

Sulphur and water.
And the lime they use on dogs ridden with larvae
to burn them off their skin.

Yes. I would screech too, mum.
I would yell in the chaos we have to survive in.
When the rule is change
and my spirit needs permanence.
When the hours become cares
and there is no room for reproach
in this submission to
whatever those chapped lips might say.
That voice.
The conviction that the future holds nothing
now the shepherd is gone
and with him the best memories.
The arrangements. The ceremony. The aftermath.
When we all existed
walking in the dreamer's wake.

Now we know
what everyone else has always known.
Those close to us betray us.
That the mind and the soul are bruised by experience
and there is no sense to it. No purpose.

La utilidad. Cero.
Que la indiferencia no comete pecado
ni hay ruptura en la devoción materno-filial
por este hábito que nos libra de la gravedad.
Encogidas ante el fin de las llamadas
recorriendo la austera estética de los campos
cuando en los paseos se habla de temas generales.
Asuntos que no dañan a nadie. Que no se hunden
en los huesos, la raíz,
de madres e hijas que se lancean.
Sometida una a la voluntad de la otra
todas las mañanas. A eso de las diez.

Dormitorio

La cabeza apoyada en el cristal
al ritmo del movimiento de las ruedas,
y un olor a desinfectante girando con el calor del motor.
El abrigo que ya sobra.
Casas de ladrillo en los bordes
por un paseo sin bancos.

Ningún cuerpo reluce. No hay rastro
de perfección
en el alargado espacio de este territorio
de materia orgánica y horas de espera.
Color berenjena en las mejillas.
Clínex en los bolsillos.
Zapatos de un marrón plástico.
Y el espacio de luz.
La supervivencia del espíritu
en este autobús que me habla: próxima parada.
Aunque solo haya tres.
Paseo de Extremadura.
Cortes de pelo sujetos en recogidos de goma

No use in it.
That indifference isn't a sin
and the mother-daughter bond is unbroken
by this habit which makes us weightless.
Shrunk into ourselves at the end of phone-calls
roaming the stark aesthetic of fields
when on walks we speak of general matters.
Harmless topics. Superficialities,
gliding over the root of it,
mothers and daughters gouging one another.
One bending to the other's will.
Every day. At ten.

Dormitory

My head against the glass
to the rhythm of the wheels
in a disinfectant smell circulating with the engine heat.
Clammy in my coat.
Brick apartments lining
a benchless promenade.

No shining bodies. No trace
of perfection
in this long living-room
of organic matter and hours waiting.
Purple cheeks.
Kleenex in pockets.
Brown plastic shoes.
And the space of light.
The survival of the spirit
in this talking bus: *Next stop.*
Though there are only three.
Paseo de Extremadura.
Ponytails in rubber-bands

y las dudas en la cara.
Preparándome en el recibidor para entrar
y oír a mi madre exponer de nuevo
lo que ha comido mi padre a lo largo de la semana.
Purecito, verduras.
Pescado. Yogurcito. De fresa.

Detenida un minuto al pie del portal.
Sin teorías ni afirmaciones.
Añorando de mi yo joven
la noción de perspectiva. El pensar ya lo haré.
La amplitud de las horas. La observación de cada posibilidad.
En la distancia. Temporal. Espacial.
Yo
salvando vidas. Yo
oceanógrafa. Yo
espía.
Yo
embajadora en París.
Sin reconocer los ojos que me estudian
desde el espejo del ascensor.

Tanto tiempo ansiando escapar en cada trayecto
y ahora este regreso. Esta expedición de siempre
a la vida de siempre.

Me habla cuando aparto los ojos del libro que leo.
Cuando contemplo la atmósfera opaca que nos separa, y pienso
que no hay gran diferencia entre estar aquí
y estar allí.
Sobre la alfombra polvorienta de una habitación iluminada
por el decadente sol naranja de una tarde de domingo.
Los días pasan, la piel se arruga, los calcetines pierden su color azul.
No hay mucha diferencia entre el cansancio de quien desea partir

and worried faces.
Getting up my courage in the hall
to go in and hear my mother
rehearsing once again
what dad ate all week
A little purée, greens,
Fish. A little yoghurt. Strawberry.

Pausing for a minute at the street-door.
With no good explanations or thoughts.
Yearning for the perspectives
I had when I was young. Thinking I can do it.
How full the hours were. Distant sightings
of every possible future. Temporal. Spatial.
Me
saving lives. Me
oceanographer. Me
secret agent.
Me
ambassador to Paris.
Not recognising the eyes judging me
in the lift mirror.

All that time the longing for escape in every voyage out
and now this return. This same old expedition
to the same old life.

When I look up from my book, he'll talk to me then.
When I look at the light, opaque like a screen
that cuts me off from him, I'll think:
It's really the same being over here,
as being over there.
On the dusty rug of a room, bright orange
in the obsolescent Sunday evening sun.
Days go by, wrinkling our skin, bleaching

y el cansancio de quien acaba de llegar.
El aislamiento es el mismo. Y el temblor: idéntico.
El primor del paisaje no los cambia. Una catarata, un crecido pasto
 verde,
el yermo estío del desierto.
Me habla cuando dejo de leer.
Me analiza con cautela.
No desea que mis ojos se trasladen a un lugar en el que ahora no puedo
 estar.

Primero oímos cómo cae la lluvia y sólo después, segundos más tarde,
la percibimos sobre nosotros.

the blue from our socks.
The one who longs to leave
is as heavy-limbed
as the one arriving.
The isolation the same. The tremor: identical.
And neither has eyes
for the décor:
a waterfall, green fields,
the barren summer sand.
He speaks, when I put down my book,
and tactfully he tells me how I feel.
he doesn't want my eyes to go away
to a place that's no good for me now.

We hear the rain, and,
        seconds later,
we feel it on our skin.

de DECÁLOGO

II

Hay hombres que mueven animales de un lado a otro,
que prefieren pensar en el castor y la nutria
con el latido de la tierra en los oídos.
Le pregunto si quiere beber. Tal vez vino,
y lleno su vaso.
Él está en lo mismo.
Lo veo en sus hombros vencidos:
se centra en lo que quiere centrarse.
Y lo demás le da igual.

En el bote de cubiertos, solo cuchillos.
Insiste en que necesito un par de consejos
y murmura frases inconclusas
sin dejar de mirarse los pies.
No sabe que guardo dos cartuchos del 12
en el cajón de la mesa
y que no olvido que todo en la vida
exige un estado de blanca alerta.

from D<small>ECALOGUE</small>

II

Some farmers, when they move their cows from field
to field, would rather focus on
the otter, the beaver, the pulse
of the earth sounding in their ears.
I ask him does he want something to drink. He says
wine maybe, and I give him a glassful.
He's moping, his shoulders are slumped:
he's sunk in his thoughts
and the rest can go to hell.

A case full of knives.
He says I need to shape up
and mutters to himself
muddled words
with his eyes on the ground.
He doesn't know I keep
two 12 bore cartridges in the kitchen drawer
and I don't forget that everything in life
demands a state of white alert.

III

Parece apacible. Parece humano.
El bruto que bajó del cerro entre gruñidos
para tirar de mi brazo
e iniciarme en la ciencia del sentimiento único
tras decir que tampoco cabrían más en tan escueto cuerpo.
Porque soy una mujer pequeña.

Devora la carne abierta
que no devoran los gusanos.
Se acerca a la puerta y se mueve
impulsado por una vida que no tiene,
valiente por esta incapacidad mía de osadía
para salir corriendo.
Los graznidos se posan en la alfombra roja de figuras
que podrían volar. Volar.
Lejos de los rugidos del pasillo. Paredes en sábanas de pliegues.
Las muñecas que se frotan el cuerpo
con la cabeza vuelta y los brazos en alto,
mientras él me arrastra por las baldosas.
Sus vestidos en el armario de madera
que alberga la existencia de un galápago.

Los monstruos de otoño
se disuelven en la luminosidad del cielo,
ese refugio para ansias extrañas
y excursiones no hechas.

III

He seems peaceable, human
almost, this brute beast
who came down from the mountain growling
and pulled on my arm
to instruct me in the wisdom
of unity of feeling,
because, he said, so scant a body
couldn't fit in
more than one –
for I am a small woman.

He devours opened flesh –
whatever worms won't eat.
He goes towards the door,
his displacements driven
by a foreign impulse, made brave by
my inability to summon
the courage to run away.
The squawkings come to rest
on the red rug patterned by
flying figures, or figures that could
fly, fly far
from the roars in the corridor,
the folds in the wall-hangings,
the dolls who rub their bodies,
with their heads turned away,
and their arms above their heads,
while he drags me over the tiles,
their clothes in the wooden wardrobe,
a turtle-house.

The monsters of autumn
dissolve in the shining skies,
where strange longings
and failed outings
hide.

IV

Todo ha de ser simple: pelar patatas, triturarlas.
Lavar, tirar el agua.
Mantener el cuerpo en orden, maquinal.
Sin echar raíces. Sin pensar «esto es mío».
Ni una silla ni una cama.
Sin alentar el pensamiento al fondo.
Vestir las piernas y vestir el pecho
de manera que parezca normal.
Sin asumir más de lo posible. Buscar la luz
y salir al pasillo.
Avanzar entre paredes, aceptar su poca anchura.
Querer descansar el peso, deshacerse de él.
Que nada ensucie el ritmo aprendido,
la pausa en las comidas, los horarios del sueño.
La franqueza de la confesión
que hace de ella un acto de enmienda.
La rectitud de una imagen
y lo curioso de este mal
que cuando no está nunca estuvo
y si está en otros, parece extravagancia.
Mas está. Y no sirven las lecturas ni la mente.
La luz del cielo, las parras y sus frutos.
La farola ambarina. El camino cuidado.

Asoma la infección y no hay planes ni memoria.
Todo lo que se puede hacer:
llevar una existencia simple. Pelar patatas,
triturarlas. Tirar el agua.

IV

Keep things simple: peel potatoes,
slice and wash them, throw
the water away, keep things on
an even keel, the body as machine, put down
no roots, don't claim
this is my own, not even for
a bed or a chair, don't stir up
the lees of thought. Cover
your legs and breasts
in ordinary everyday clothes; don't ask for
the impossible. Go towards
the light, go out into the hall,
go on between the walls, don't mind
how flimsy they are. Wanting always
to be weightless: for nothing to spoil
the accustomed rhythm, the pause between
dinner and sweet, the hours
of sleep, the open confession
becoming an atonement,
the rightness of an image,
and the strangeness of a pain,
which once gone never was,
and, seen in others, seems
a performance, but is pain.
And reading is no help,
or thought, or daylight,
or vines and their fruit,
or sodium lamps in the street,
or the well-cared-for pavement.

The malady will come, with no future
attached, and no past. All you can do
is keep things simple, peel potatoes,
slice them. Throw the water away.

V

Me hablaba
y aprendí el significado de la palabra suicidio
a la edad de cuatro años.
Me hablaba y supe cómo sujetar con las manos
las piezas unidas de un vaso hecho de grietas
en el cristal.
Insectos de ojos simples.
Cuerdas que caen al patio e incitan al salto.

Me hablaba
y el susto se asentó en mi cuarto
rodeado de flores que no eran de vivos
sino las de los pájaros de cuello doblado
y cuerpo húmedo,
caídos entre hojas
como en los cuentos.
La ruta de búhos entre los matorrales.

Me hablaba
y yo la miraba. Me hablaba
y en mis ojos no había más que fervor de hijaniña
que soñaba con romper la tristeza de quien no lo fue.

V

She used to talk to me
and when I was four I learnt
what the word suicide meant.
She used to talk to me and I learnt
how to hold a glass
made up of its own shards,
simple-eyed insects,
ropes dangling down to the patio,
daring one to leap.

She used to talk to me
and fear hunkered down in my bedroom
with flowers all around not flowers
of the living, but of birds
with broken necks and damp feathers
plummeting through trees
as in the stories,
where the owls made their way through scrub.

She used to talk to me
and I'd look at her. She used to talk to me,
and I'd gaze at her with the fervour
of a girl-child whose only dream
was to break through the sadness
of someone
who wasn't one.

Martha Asunción Alonso

Nació
con una oposición bajo el brazo
y largo pelo.

De camino a la clínica,
dilatando en un taxi, a su madre
se le antojó un banana split.

El Papa estaba nuevo en esa época.
Los cronistas lo saben porque andaba. Y yo me lo imagino
vistiendo un par de levis bajo las sacras faldas.

Aquel año dio comienzo en miércoles. Descubrimos diez
satélites danzando en torno a Urano. Bélgica
ganó en Eurovisión.

A lo que voy:
llegó con largo pelo, demasiada vergüenza
y el equilibrio justo para un bípedo.

Aprendió a repirar sin ruedines al cumplir veintimuchos.
Le crecían preguntas sin regarla.
Fue a la universidad por no volver al médico.

Viajó. Se drogó poco. Una vez tuvo
que defender su casa a paraguazos. Se enamoró muy mal,
peor y por fin bien.

Mantiene
todavía una estrecha correspondencia con el monstruo
del Lago Ness y el Duende del Armario.

Vive y se acabará con el trastorno
de la fe. Para que se la entienda: rebusca
poesía.

Martha Asunción Alonso

Was born
with an exam-result in her pocket
and long hair.

Dilating in the taxi,
on the way to hospital, her mother
had a craving for a banana-split.

There was a new pope back then.
Journalists know that because he went walkabout.
I imagine him with a pair of Levis under his holy skirts.

That year began on a Wednesday. We discovered ten
satellites waltzing round Uranus. Belgium
won Eurovision.

To get back to the point:
she arrived with long hair, a surfeit of shame
and just enough sense of balance for a biped.

She learned to breathe without stabilisers way in her late 20s.
Questions grew from her with no need for rain.
She went to university so as not to have to go back to the doctor.

She travelled. She didn't really do drugs. Once
she had to beat off intruders with an umbrella. Love went
very badly for her, then worse, and in the end ok.

She's still
in close contact with the Loch Ness
monster and the Witch in the Wardrobe.

She lives and she'll die with an inconvenient
faith. To make herself clear: she aspires to
poetry.

Los conejos blancos

El primer conejo blanco que recuerdo fue una cría de gorrión
que nos cayó del cielo.
Era la época de la ductilidad y el miedo a la cicatriz:
cualquier duda de fe,
la varicela o el amor, podían dejarnos marca.
Las monaguillas lo metimos, igual que en un sagrario,
entre algodones, en una caja de quesitos,
dándole de rezar migas de pan.
Según cuenta la Biblia, le crecieron las alas esa noche:
el conejo debía ver el mar y nosotras debíamos
ser solas.
Por eso nos tocó, cada verano en fiestas de nuestra adolescencia,
el cordero blanquísimo en la rifa.
Les fabricábamos biberones con botellas
de Coca-Cola. Supimos, a cambio, de la higiene
sentimental del topetazo.
Y el balido,
a trotar en la búsqueda y no apartar
el llanto cuanto ante ti degüellen lo que amas.
Devorar, caníbales en defensa propia,
devorar el dolor
crudo que nos devora.

White Rabbits

The first white rabbit I remember was a sparrow chick
that fell from heaven.

It was the age of malleability and fear of scarring:
religious doubts,
chickenpox or love could leave a mark.

We altar-girls swathed him in cotton and put him,
as in a tabernacle, in a cheese-box
giving him breadcrumbs for prayers.

The bible says, he grew wings that night,
the rabbit had to see the ocean and we
had to be bereft.

So every summer of our adolescence
we won the dazzlingly white lamb in the raffle at the fair.

We made Coca Cola bottles into
feeding-bottles for them. On the other hand we learnt
the emotional hygiene of head-butts.

And bleating,
and trotting after and not holding back
tears when your beloved is slaughtered in front of you.

Devouring, cannibals in self-defence,
devouring the raw
pain devouring us.

Línea 6

Todo lo que merece algo la pena
es circular. Tus pupilas.
Los neumáticos de aquel Seat Ibiza que tuve,
ya sabes: tus pupilas y las aceitunas
y aquella tarde en Ávila con Santa Teresa.
Cuando volví a encontrarte,
llevabas un anillo en el dedo meñique.
Me dejaste probármelo. Yo estaba mareada.
Gilipollas. Todo lo que hemos sido,
la forma en que estuvimos una junto a la otra,
nuestro amor, todo y nada, es circular.
El recuerdo. La samba. Carteles
de Se Alquila por la glorieta de Bilbao.
Todo lo que te quise.
La línea seis del metro. Estas ganas de hablarte.
La espera: circular.

Corazón de naranja

Al pastor alemán que tú recuerdas, trotando por tu infancia,
lo atropelló un tractor cuando creciste.

Se nos cayeron luego los vencejos,
como guantes raídos, de las tardes azules,
tardes de manos llenas, cielo bajo.

Miro cómo mi abuela,
los ojos muy abiertos, fervorosa,
está exprimiendo un zumo en la cocina;
miro temblar sus manos, debajo de esas manos

Line 6

Everything remotely worthwhile
is circular. Your pupils.
The tyres of that Seat Ibiza I had,
you remember: your pupils and olives
and that afternoon with St. Theresa in Avila.
When I met you again
you had a ring on your little finger.
You let me try it on. I felt sick.
Clown. Everything we were,
the way we were the two of us,
our love, everything and nothing, is circular.
Memory. A samba. *To Let*
signs on Bilbao Circus.
How very much I loved you.
Line 6 on the metro. This need to talk to you.
The waiting: circular.

Orange Heart

The German Shepherd you recall, trotting through your childhood,
went under a tractor when you grew.

Then swallows swooped down on us,
like threadbare gloves, from the blue dusk,
dusks of full hands, low skies.

I watch my grandmother,
wide-eyed, febrile,
juicing oranges in the kitchen;
I see the tremor in her hands, under those hands

miro girar el sol, aroma antiguo,
sangre pura del tiempo más redondo,
corazón de naranja que aún nos ciega.
No queremos morirnos, no queremos...

La miro y habla sola en la cocina,
mientras exprime un zumo como quien reza un salmo,
apura la inocencia y el candor, bebe memoria.

Miro temblar sus manos. Y el almendruco estéril,
la tapia; blanco sucio para trepar de sed,
amarga adolescencia, fruta viva.

Son cosas que brillaron antes de que te fueras.

La mariposa blanca

En el velador de la residencia,
la mariposa blanca
y los cabellos blancos de mi abuela.

Mi abuela.

Con sus 91 años recién cumplidos,
apoyada en su bastón,
se queja porque esto está lleno de viejos
con bastón.

Y se mira los ríos de las manos
y no le teme al mar.

¿Quién se ha posado sobre quién?

I see the sun rotate, ancient aroma,
pure blood of time itself,
orange heart still blinding us
We won't die, we won't…

I see her talking to herself in the kitchen
while she juices an orange like someone intoning a psalm,
she drinks in innocence and candour, drinks memory.

I see the tremor in her hands. And the barren green almond tree,
the wall; a dirty white to climb athirst,
bitter adolescence, living fruit.

Those shining things before you left for good.

White Butterfly

On the nightstand at the home,
the white butterfly
and my grandmother's white hair.

My grandmother.

Just turned 91,
leaning on her stick,
complaining: *this place is full of old people
leaning on sticks.*

And she looks at the rivers on her hands
and doesn't fear the sea.

Who alights on whom?

Puerta del Sol

Soñad, imaginad que esta plaza va a ser nuestra hasta el fin de los días.

15-M, #spanishrevolution

Mi hermana está saliendo del Palazzo. Es la niña que ríe con los dedos manchados de pitufo. Es la cara extranjera, la muñequita celta con ojillos de gata. Mi abuelo va a su lado, un corazón azul de cartulina sobre el pecho. Desde los trece años siempre la misma marca... de algo hay que morir. Viene de probar suerte en Doña Manolita, frotándose las manos. Porque este mundo es frío y hemos pasado tanto, la guerra y aquel hambre, para dejarle un día a nuestros nietos... El fuego, tal vez brasas. Pero no las cenizas. Nunca. NO. Está también María. Dos agujas de punto y el capazo. Nos lleva a visitar soles con polvo, reúma, magdalenas. Cristo de Medinacelli, ¿por qué nos pican tanto los leotardos? Y allí llegan los padres, en procesión, chupando ya un pañuelo para limpiar tus dudas. Con sus barbas y trenkas, gafas de terrorista, manos que son carbón y son harina. Son mis padres. Sus sueños y tus padres, los sueños de los padres de sus padres: el kilómetro cero. Ser digno es ser memoria. Nadie te desaloje de tu nombre.

Lost generation

Era un mundo sin protección solar.
Los sueños, las inmensas
antenas parabólicas sobre los tejados,
monos azules
tendidos en patios interiores: mapamundis
proféticos tras las manchas de aceite.
No teníamos miedo.
Fuimos a escuelas donde los maestros
habían llevado luto por nosotros,

Puerta del Sol

Dream, imagine this place ours till the end of days.

15th May 2011 Occupy Madrid #spanishrevolution

My sister is coming out of the Palazzo ice-cream parlour. She's the one laughing with sticky fingers. She's the foreign-looking one, the little Celtic doll with the eyes of a cat. My grandfather is by her side, a packet with a blue heart on it held to his chest. Ever since he was thirteen the same brand…you have to die of something. He's just tried his luck in Doña Manolita's lottery. He's rubbing his hands. Because this world is cold and we've been through so much, the war, and then the hunger, so we can hand it on one day to our grandchildren… Fire, embers perhaps. But not the ashes. NO, never the ashes. María's here too. Knitting needles and basket. She's bringing us dusty suns, her rheumatism, madeleines. Christ of Medinacelli, why do our leotards pinch so much? And here come the parents, in a procession, dampening a handkerchief to wipe away your fears. With their beards and duffel coats, terrorist sunglasses, hands that are coal that are flour. They are my parents. Their dreams and your parents, the dreams of their parents' parents: kilometre zero. Dignity is memory. Nobody can rob you of your name.

Lost generation

The dreams, the immense
satellite-dishes on the roofs,
blue jumpsuits
hung out in the yards with grease-stains
the shape of far continents.
We were unafraid.
Our primary-school teachers
wore mourning for us,
the heirs of transparency.

que estábamos llamados a heredar
la transparencia.
Dicen que a la salida alguien nos daba
caramelos con droga.
Yo nunca tuve dudas. Era nuestro destino:
ser una nueva raza de gigantes,
hombres libres, mujeres que haríamos
el trabajo de cien hombres.
¿Cómo no ser valientes? Pasábamos
agosto con abuelos
que habían sudado todo el frío del país.
Fumaban y tosían
y aflojaban bombillas porque la luz
no es gratis, no. También tuvimos padres,
una nación sonámbula de padres
que venían del sur.
Por la noche, volvían tarde a casa
y exclamaban: "¡Señor,
ya me sacas al menos dos cabezas!".
Éramos los mayores.
Crecimos un centímetro diario y
estrenamos mallas, ternura primogénita,
zapatillas *Paredes*
que atravesaban yonquis en la noche
para aprender francés.
Duendes únicos. Magos
de la calcomanía. Todo se nos quedó
pesquero tan deprisa:
el *Colacao*, los paraísos para mascotas
olímpicas, los cromos,
la fe de nuestra primera comunión.
Cuando al fin llegó el metro a nuestro barrio,
fue demasiado tarde. Ya estaba preparado el plan de fuga.

They say someone gave us
drugged sweets by the school-gate.
I had no doubts. We were born to be
a new race of giants,
free men, women who would do
the work of a hundred men.

We were bound to be courageous. We spent
August with grandparents
who had sweated all their country's blood.
They smoked and coughed
and unscrewed light-bulbs because
light costs money. Also we had parents,
a nation of sleep-walkers,
migrants from the south.
At night they came home late
and yelled: 'Dear God,
you're twice my size.'

We were the grown-ups.
We grew an inch a day and
tried on tights, first loves,
Paredes trainers,
and made our way through junkies
to learn French in evening classes.
Weird spirits. Sorcerers
of the transfer. We went through
our crazes so fast:
Nesquik, Olympic mascot
heaven, Pokeimon cards,
the faith of our First Communion.
The metro reached our suburb
too late.

Our escape plans were already laid.

Los Ángeles

No creían en Dios. Y tenían sexo.

Y mandiles azules, zuecos con medias negras.

En las siestas de agosto,
en taburetes cojos a la puerta con moscas
del infierno, aligachas, sus manos nos limpiaban
los frijoles sagrados
de la noche.

No sabían leer. Hubieran querido ser
doctoras o maestras.

Creían que a los niños de ciudad hay que dejarlos dormir
solos en colchones de lana,
cerca de la escalera que sube a los desvanes
de los maquis.
Creían en los maquis.

Creían en el valle y el poder de la mina.

Creían en los accidentes ferroviarios.

En las siestas de agosto,
solas en sus cocinas, apoyaban un instante, creyendo no ser vistas,
la cabeza en el hule
persignado de harina: incluso el llanto suyo
fue alimento.

Hubieran querido ser mortales
o maestras.

Creían que a las chicas de ciudad hay que enseñarles
el decoro y a no cortar la mayonesa,
en la televisión

Angels

They didn't believe in God. And they weren't sexless.

They wore blue aprons, clogs with black stockings.

On August afternoons,
on wobbly stools in the doorway, surrounded by
hellish mosquitoes, slugs, their hands
prepared the sacred beans
for our supper.

They couldn't read or write. They'd have liked to be
doctors or teachers.

They believed town kids should sleep
on woollen mattresses
by the stairs that led up to
the attics of the irregulars.
They believed in the irregulars.

They believed in the valley and the power of the mine.

They believed in railway accidents.

On August afternoons,
alone in their kitchens, they let their heads rest
on the oilcloth,
with floury haloes, even their weeping
was nourishing.

They'd have liked to be human beings
or teachers.

They believed town girls had to be taught
decorum and not to curdle mayonnaise.
They believed in television,

y el perdón de los pecados de las peras de luz y los coches
de línea que traen al practicante de Bembibre.

No creían en Dios.

Creemos en los mandiles de sus ángeles.

and the absolution of light-switches and the buses
that brought the doctor from Bembibre.

They didn't believe in God

We believe in his angels' aprons.

Graciela Baquero

Crónicas de Olvido

encuentro

Sucedió en el barrio de Lavapiés en Madrid, durante una noche calurosa de verano. Yo estaba paseando con algunos amigos, aprovechando la oscuridad para refrescarnos después de haber pasado el día escondidos de un sol implacable. Íbamos por la calle Argumosa cuando me separé del grupo y entré en un bar para comprar tabaco. Ya dentro del local, me aproximé a la barra donde una mujer estaba bebiendo un vino. Era una mujer adulta; mas bien envejecida, desaliñada, extremadamente flaca y borracha.

Mientras yo intentaba hablar con el camarero, ella se volvió hacia mí y mirándome fijamente, se fue acercando, hasta que de pronto, me preguntó "Cómo estás?". A lo que yo respondí "Muy bien" cosa que realmente era cierta. Pero como solemos hacer en estos casos, no mostré demasiado entusiasmo, por no entrar en diálogo con una persona herida de alcohol y soledad.

La ignoraba dirigiendo mis ojos hacia la imagen parlante de un televisor, cuando ella continuó diciendo, "Ya no me conoces". Entonces, curiosa, la volví a mirar por si se tratara de alguien que hubiera cambiado demasiado (hay veces que el tiempo hace magia con nosotros), pero su cara me resultó absolutamente desconocida. Así se lo dije y volví a desviar mi atención hacia otras realidades, tratando de dejarle bien claro que nada tenía que ver con ella. Sin embargo insistió: "Ya no me conoces,... ya no quieres reconocerme. Pero yo soy tu hermana,... yo soy tu hermana Olvido".

Fui incapaz de responderle en aquel momento pero no pude dejar de pensar en ella durante toda la noche. Cuando llegué a casa, ya de madrugada, busqué en el diccionario el significado de aquel nombre que tanto me había impactado y allí encontré esto:

Olvido.– Falta de recuerdo acerca de algo.
   Cesación de un afecto que antes se sentía.
   Omisión o negligencia de algo que se debía hacer o tener presente.
   Nombre de mujer.

Graciela Baquero

Your sister, Olvido

encounter

It happened in the Lavapiés district of Madrid on a warm summer night. I was out with friends taking advantage of the dark for a relaxing stroll after a day spent in hiding from the pitiless sun. We were going down Calle Argumosa when I peeled off to buy cigarettes in a bar. Inside, I went up to the counter where a woman was sitting drinking wine. She was middle-aged, old before her time, down-at-heel, terribly thin and drunk.

I was trying to get served when she turned to me and asked: 'How are you?' and I said 'Fine', which I really was. But, as we do in these cases, I said it neutrally, not wanting to start a conversation with a creature marked by alcohol and solitude.

I was ignoring her, gazing at the muted spectacle of a television, when she went on: 'You don't know who I am'. Then, curious, I looked at her again in case she were an acquaintance on whom time had wrought its transformations, but, no, I'd never seen her before. I said so and turned away to other realities, trying to make her understand she was nothing to me. But she was undeterred: 'You don't know who I am..., you don't want to acknowledge me. But I'm your sister... your sister, Olvido.'

I said nothing to her then but I thought of her all that night. When I got home in the early morning, I looked up the meaning of that name which had so struck me and found this:

Olvido:

> *failure to remember something*
> *numbing of an emotion once felt*
> *omission or neglect of a duty*
> *woman's name*

1

Olvido y yo entramos a la vida en un mismo golpe de labios convulsivos. La madre no percibió el doble nacimiento y lloró por el hecho de habernos perdido, y lloró por su cuerpo como casa de nadie, bramó como las bestias en noches imprevistas.

Sin embargo nacimos... La sangre cubrió nuestro único cuerpo y las laderas de una inmensa montaña

2

Soy hermana de su sangre. Con ella he embriagado las calles y las venas. He reído en sus labios con la estridencia del cínico. Te he escupido en la cara con su boca indefensa.

Juntas vagamos por la ciudad sin gente, los ojos al suelo hallando una moneda, hallando niños muertos, palomas, algodones. Después nos adentramos en el parque, por festejar en la carne el clarear del día de este eterno destierro; de este exilio vivido en la casa de uno. Bebemos por ello y luego, continuamos viaje. Vamos de cuerpo abierto, como santas, reconociendo las paredes frías de nuestra alcoba.

3

Olvido se descuida. Su cabello es una maraña inviolable. Tiene largas las uñas, negras de hurgar, con la misma habilidad, su cuerpo y la basura.

Se descuida y sin embargo no me pierde de vista; ella mete un palo en la boca del perro que me muerde y derriba la puerta de la casa donde he sido violada. Ella limpia los cuencos donde los ojos duelen y me da las palabras que me salvan la vida. ¿Dónde encarna el afecto?...Creo que nunca nos hemos abrazado. Olvido está tan cerca que resulta imposible verse en el otro y realmente encontrarse.

4

Hay veces que temprano bajamos hasta los jardines del Prado y asistimos al aseo de los mendigos. La fuente, el jabón escaso, las mantas desplegadas sobre césped. El hombre y el peine desdentados, un grupo de turistas japoneses cruza fotografiando la escena, milagrosamente, sin vernos. Un hombre dobla su abrigo satisfecho de supervivencia. La anciana intenta salvar la profundidad de un charco; se empeña y lo consigue. Hay una mujer pintándose los labios guiada por el espejo de un automóvil y

1

Olvido and I entered life in a single thrust of lips in spasm. The mother took no notice of the double birth and wept at losing us, and wept for her body, now home to no-one, and bellowed like beasts do some nights.

Anyway we were born… Blood coated our body and vast mountainsides.

2

I am the sister of her blood. With her I intoxicated streets and veins. I laughed loud coarse laughter with her lips. I spat in your face with her defenceless mouth.

Together we roam the unpeopled city staring at the pavement, finding a coin, finding dead children, pigeons, threads. Later we go into the park to celebrate the first light of this eternal banishment in our flesh; at home in exile. We drink to it and move on. We walk along, receptive to the world, like saints, acknowledging the cold walls of our cell.

3

Olvido neglects herself. Her hair is an impenetrable tangle. her nails are claws, black with rummaging through her body and garbage-heaps.

She neglects herself but won't let me out of her sight. She shoves a stick in the jaws of the dog biting me and kicks in the door of the house where they raped me. She cleanses the hollows where my eyes hurt and gives me words to save my life. Where does she keep her feelings?... I don't think we've ever hugged. Olvido is so near to me it's impossible to see one's self in the other, to really meet.

4

Sometimes we go down early in the morning to the Prado gardens to see the homeless at their ablutions. The fountain, the slivers of soap, the blankets spread out on the grass. The toothless man with his toothless comb, a group of Japanese tourists walks by taking photographs, miraculously they don't notice us. A man folds up his coat pleased to have made it through the night. The old woman tries to step across a deep puddle; with an effort she manages it. There's a woman putting on her lipstick in

un muchacho se picotea el cuerpo como un pájaro hacendoso.

La mañana cuaja en estos quehaceres y mientras el frío se apacigua, Olvido y yo desayunamos el zumo de una naranja amarga

5

Ella pierde por mí todas las partidas. Olvido es quien arriesga al amor, yo sólo soy el hueco satisfecho del abrazo. Siempre llueve en el piélago de su razón. Siempre a la intemperie mientras yo hacendosa construyo sólidas moradas para costumbres y pensamientos.

Ella pierde por mí, cae enferma, huye, blasfema, muere, se golpea, la golpean, se droga, se revienta mientras yo observo desde la frontera de una extraña salud.

Pero no estoy a salvo. Sangro por el cuerpo de mi Olvido, sin hacerme señales, con todo este dolor sin pertenencia.

Ella es en mí lo no vivido, el delito en la boca agazapado. Imagen invertida para mi sustento, Olvido: mi carne redentora.

6

En las mañanas de invierno vamos a calentarnos al interior los mercados. Cobijadas por la mansa temperatura de los alimentos, avanzamos por los corredores impresionándonos con el color de las fruterías, con la legendaria quietud de los congelados, con el desorden armónico de esos bodegones vivos.

A ella le gustan los ojos de los peces muertos. Los ojos y el bagaje sorpresa de sus hinchados vientres.

Nuestra estrategia consiste en pedir la vez y así, por unos instantes, permanecemos ordenadas entre las mujeres. Entre ellas, las cuidadoras, que hacen cálculos mentales, que piensan en el hoy y en el mañana, en las crías saciadas, en las preferencias del macho. Con ellas nos dejamos estar, atentas, silenciosas.

Cuando nos toca el turno nos vamos, después de dar las gracias y presentarnos con corrección.

9

Escribo lo que veo:
  Los policías agitan las ramas
  y del frondoso árbol salen los mendigos

a car mirror and a boy pecking at his body like a busy bird.

The morning coalesces in these little chores and, while the cold loses its edge, Olvido and I breakfast on a bitter orange.

5

She loses every game for me. Olvido takes a chance on love, I am the void in an embrace. It's always raining on the sea of her mind. Always out in the storm while I busily construct solid dwelling places for habits and thoughts.

She loses for me, sickens, flees, blasphemes, takes drugs, breaks while I look on from a distance of strange health.

But I'm not safe. I bleed from my Olvido's body, without leaving a stain, in all this stranger's hurt. She is all I've never known within me, the jack-in-the-box waiting to spring from my mouth. A mirror image for my sustenance, Olvido: my redeemer.

6

On winter mornings we go to the markets to get warm. Sheltered by the bland temperature of the produce, we walk through the corridors marvelling at the colours of the fruit, the legendary silence of the frozen goods, the chaotic harmony of these material still lives.

She likes the eyes of the dead fish. The eyes and the surprise package of their swollen bellies.

Our strategy is to ask for a number in the queue and stand in an orderly manner among the other women. Among them, these home-makers, who mentally calculate, who think of today and tomorrow, of the difficult appetites of their children and their husband's likes and dis-likes. We blend in with them, in an attentive silence.

When it's our turn, we make ourselves known, say thank you, and go.

9

I write down what I see:
Policemen shake the tree-branches
and the homeless emerge from the thicket

> *al medio día*
> *a medio vestir*
> *a mitad del sueño.*

Mientras anoto esto en mi cuaderno, Olvido guarda restos de comida en un pañuelo blanco. Siento su cuerpo inclinado, los pechos que asoman, las manos anudando las puntas de la tela sobre la hierba fresca.

La luz hace en ella su milagro. Y ahora que la veo de espaldas, caminando calle arriba, comprendo que el poema ha estado sucediendo también al otro lado.

10

Todos los años, al comenzar la primavera, bajamos hasta el río por ver como el suicida de la dársena siete sale del agua y lo vuelve a intentar.

11

Miramos hacia arriba cuando la muchacha de la casa de enfrente tiende la colada. Semidesnuda, saca sus brazos morenos por la ventana hacia las cuerdas tensadas por el aire. Luego las camisas boca abajo, las sábanas sin sueño, pantalones vacíos que se dejan ir y venir por la brisa matutina.

Olvido piensa que esta escena es un presagio que se repite. Por ello no puede remediarlo y tiembla. Tiembla mientras la joven canta entre dientes una canción antigua y triste, y la ropa prendida al viento la acompaña haciendo señales de sus futuros desaparecidos.

12

Después de la tormenta, guiada por el reflejo de su cabeza en la charca, Olvido peina con sus dedos la alborotada cabellera. De entre los nudos sale materia: hierbas, insectos, pequeños guijarros que caen al agua abriendo círculos de superficie y, mientras las piedras se hunden, los vegetales y los animales muertos van, a la deriva, acercándose a la orilla sin decisión ni premura.

Lluvia sólida que regresa desde mi Olvido. Cositas recogidas durante nuestro último amor en el parque. Amor de primavera.

halfway through the day
half-dressed
half awake

While I note this in my journal, Olvido is collecting leftovers in a white cloth. I sense her body leaning forward, the tops of her breasts showing, her hands knotting together the corners of the cloth on the cool grass.

Light works its miracle on her. And now as I see her back as she walks up the street, I realise the poem has been happening also on the other side.

10

Every year, in early spring, we go down to the river to see the wharf seven suicide climb out of the water and try again.

11

We look up when the girl opposite hangs out her washing. Half-naked, she stretches her brown arms out of the window towards the line strung over the void. Then the headfirst shirts, the sleepless sheets, the vacant trousers dance in the morning breeze.

Olvido thinks of this scene as a recurrent omen. So despite herself she shivers. She shivers as the girl hums an old sad song, and the garments swollen by the wind predict her future dead.

12

After the storm, with the aid of her reflection in a pool, Olvido runs her fingers through her unruly mop. As she untangles it, odd stuff falls out: weeds, insects, pebbles tumble into the water; the stones make surface-rings and the plants and dead creatures drift out towards the shore hesitantly, unhurriedly.

A solid rain returning from my Olvido. Little things picked up from our last love-making in the park. Springtime love.

13

Olvido alimenta a una cría de pájaro con su boca. Pico contra pico, ambos conscientes de su posible agresión.

14

Noche de verano. Esta es la hora en que llegan los regadores, manos a la obra y el milagro es el hombre y el agua haciendo aparecer el firmamento subterráneo.

Negras estrellas de alquitrán, que nos guían por la profundidad desierta. Sensación de ser hijas de un dios que nos mira. Constelaciones del Hades; nuestro reino prometido.

15

Hay veces que seguimos a alguien a quien solemos asustar. Elegimos entre los transeúntes nuestra presa de destino y nos dejamos ir tras ella, para poder leer en sus pasos, la impronta de su devenir y su frescura.

Carne nueva para nuestro antiguo corazón. Lugares a donde ir, alguien por quien preocuparse; simples tareas para anudarse al mundo y a la especie.

16

Olvido se enamora y se deja golpear. Como un animalito sin centro ni cuidado, la veo por el barrio siguiendo el rastro de un falso macho.

Suele bajar la calle Amparo al mediodía, arregladita, tapando las heridas con afeites y perdones, con los ojos sueltos peces voraces que no miran , no me reconocen, no quieren encontrarme en su camino.

Mientras pasa por mi lado, yo la odio y la espero. No entiendo su consentimiento, su dolor imprevisto, el regreso al amor después de la violencia. Pero un sólo gesto suyo me desarma y me rinde. Ella hace un garabato de mi tremenda indignación, cuando su labio partido me sonríe y sangra como las rosas maduras de los penitentes.

17

Olvido ha parido un niño muerto, lo abriga y se empeña en amamantar su boca quieta. Mi boca quieta no quiere provocarla.

Me niego a comprender lo sucedido, observo la escena y repito, para

13

Olvido is feeding a chick from her mouth. Beak to beak, each aware of potential violence.

14

Summer night. This is the hour the street-cleaners appear, all hands to work and the miracle is man and water revealing the subterranean firmament.

Black stars of tarmac, guiding us through the deserted depths. Feeling ourselves the daughters of a god who watches over us. Constellations of Hell; our promised kingdom.

15

At times we follow someone we usually frighten. We chose our victim from among the passers-by, and drift along behind her, to read in her footsteps the print of her life and her beauty.

New flesh for our old hearts. Places to go, someone to care for; simple tasks to connect us to the world and humankind.

16

Olvido falls in love and lets them hit her. Like a lost little reckless animal, I see her in the neighbourhood following the scent of some brute.

She often comes down Calle Amparo at mid-day, dressed up to the nines, her bruises hidden with make-up, her eyes like darting hungry fish, unseeing eyes that don't acknowledge me, want me out of her way.

As she passes me by I hate her and long for her. I don't understand her compliance, her pain, her return to love after violence. But the slightest attention from her disarms me and I give in.

She dispels my towering indignation when her split lip smiles at me and she bleeds like the blowsy roses of pilgrims.

17

Olvido has given birth to a still-born child, she swaddles it and tries to give suck to its quiet mouth. My quiet mouth won't trouble her.

I don't want to understand what's happened, I observe the scene and intone, under my breath, a gentle prayer that calms me and deceives me.

mis adentros, una dulce plegaria que me amansa y me miente. Me digo:

Esto no es una cama
y él no es un niño muerto.
Este lugar no es el mundo.
Esto no es una mujer que sueña
Frente a mí no hay nadie.

I say to myself:

> *This is not a bed*
> *and the child is not dead.*
> *This place is not the world.*
> *This is not a woman dreaming*
> *There is nobody there.*

Mercedes Cebrián

Muchacha de Castilla

¿Pero qué te has creído, muchacha de Castilla,
que podías desear lo mejor en forma de país?
Te engañaron quienes aseguraban que el castillo en desuso
y la almena mellada le daban hidalguía a tu meseta.
Algo irrumpió hace tiempo y nos quitó
con muy malos modales
el arcabuz, la pica y el palillo atrapado
entre hileras de dientes.

Hoy tu meseta es un erial cuyo horizonte
no voy a describir.
Hay mal diseño en los campos de Castilla
y peor intención: se expanden
a lo ancho igual que tú y en ellos
solo brota, a raudales, la vida sedentaria.

Y mientras tanto, en otras latitudes ya no se dice
Colón descubrió América. Se dice *la encontró*
porque iba despistado por completo. Los rudos
señores extremeños que llegaron con él
a ese allí tan lejano, ¿a qué se dedicaban?
Entérate, muchacha de Castilla,
observa el disimulo con que esconden
puñados de esmeraldas en sus calzas.

Reconozcamos el valor de esos hombres
al viajar en un barco mugriento durante diez semanas.
Salieron en agosto, llegaron en octubre
y hasta febrero del siguiente año
nadie tuvo noticias de su paradero. ¿Habrán
llegado bien nuestros muchachos? ¿O acaso
perecieron por falta de Vitamina C?

Mercedes Cebrián

Girl from Castile

But who did you think you were, girl from Castile,
to be handed the country of your heart's desire?
They fooled you when they told you the ruined castle
with its crenellations gave your meseta grandeur.
Something irrupted a while ago and robbed us
in the most ill-bred fashion
of hackbut, pike and toothpick stuck
between rows of teeth.

Today your meseta is a wasteland and I won't trouble
to describe its horizon.
There is bad faith in the fields of Castile
and worse intention; they expand
in all directions as you do and their only
abundant crop is the sedentary life.

And meanwhile on other latitudes they no longer say
Columbus discovered America. They say he *found it*
because he had absolutely no idea. And the Extremaduran
hard men who landed with him on that so distant
over there: what was their role?
Keep up, girl from Castile,
watch them craftily stuffing
fistfuls of emeralds into their britches.

Let's acknowledge the bravery of those men
who voyaged ten weeks in a filthy tub.
They set sail in August, they arrived in October
and no-one had word of their whereabouts
until February of the following year. Did our lads
arrive safely? Or maybe
they perished of scurvy.

Son ellos tus ancestros, tu saliva lo indica. Los celtas
y los íberos te engendraron en un baile de pueblo.
Uno empotró a la otra junto al pozo
o detrás de una tapia: de ahí naciste tú, muchacha de Castilla.
Cuando cantas el himno de tu patria
te veo la campanilla y dos o tres empastes.
Tengo seguro médico, diles a los que muestren reparos
hacia tu anatomía. En España, todo bicho viviente
es atendido si se desploma ante un hospital público, insísteles
en eso.

Ya está bien de pronunciar barrotes, de farfullar tanta
reja oxidada. Yo hablo modernidad: mírenme
mis empastes, son de categoría. La odontóloga
que me los fabricó es más joven que ustedes y este fin de semana
se marcha a Copenhague solo por diversión.

El presidente de mi país nació después
que yo. En medio de un discurso nos pregunta: ¿Qué habría
que evitar, que cierren un quirófano o una biblioteca?
No busca una respuesta: él sabe que un quirófano
no puede convivir con un lote de libros: cualquier
mota de polvo que se encuentre en sus páginas
puede infectar la sangre del paciente.
El presidente de mi país
es más alto que el vuestro.

Ayer y hoy del kiwi

Yo era una niña el día que desembarcaron
los kiwis en España. Yo era una niña española y ellos en cambio
eran calvos y verdes, cansados por el viaje desde Nueva Zelanda.
Probablemente llegaron en un contenedor
de ocho pies por cuarenta al puerto de Algeciras,
Barcelona o Bilbao

Those men are your ancestors, your saliva shows it. The Celts
and Iberians spawned you at a village dance.
One mounted the other down by the well
or behind a wall: from that you were born, Castilian girl.
When you sing your national anthem
I can see your tinkerbell and two or three fillings.
I have insurance, tell the people who criticize
your anatomy. In Spain every living creature
is attended to if they collapse near a public hospital,
make that clear to them.

Talk massive braces all you like, mutter
rusty iron. I represent modernity: look
at my fillings, they're quality. The girl
who did them for me is younger than you and just off
for a fun weekend in Copenhagen.

My country's president is younger
than me. In the middle of a speech he asks us: Which is worse,
 to shut down an operating-theatre or a library?
It's rhetorical: he knows that books
and medicine don't belong together:
A speck of dust from their pages
might infect a patient's blood.
My country's president
is taller than yours.

The kiwi past and present

I was a girl the day kiwis first
landed in Spain. I was a Spanish girl whilst
they were bald and green, wearied by the sea-voyage from New Zealand.
They probably came in a forty foot by eight
container into the port of Algeciras,
Barcelona or Bilbao.

          (tenemos tantos puertos en los que recibir
          especies de otros mundos)
¿Cómo hicieron para evitar los golpes
durante el largo viaje?
Los primeros, recuerdo, estaban siempre duros.
Eran inmadurables, eran como yo ahora.
Para anunciarlos, ampliaban la foto de uno de ellos
partido a la mitad. De un verde extraordinario
y con esas semillas color negro: comérselo requería valor.
          (Dicen que hay una foto de Nikita Krushev comiendo un
kiwi en una recepción en los años cincuenta. No he podido encontrarla)

No olvidemos que el kiwi, además de una fruta
es el nombre de un pájaro. Recordemos también que ningún animal
sonríe a los humanos con ganas de intimar. A ver si sois capaces
de leer bien sus gestos: la mueca de ese chimpancé al descubrir la encía
es su preparación para el ataque.

          Mientras tanto, los inmigrantes
          que llegaron a España desde Pakistán el mismo día que el kiwi
          acordaron bajarle el picante a todas sus recetas
          y lograr que pasasen por platos de la India.

Tres décadas después, el curry nos parece
un plato regional y hay kiwis españoles
que nacen aquí mismo, bajo plásticos sucios
quemados por el célebre sol de Andalucía.
El kiwi ahora está devaluado, tuvieron que inventar
uno más dulce llamado kiwi Gold y asi reconducir
nuestro deseo de nuevo hacia su pulpa.

   (we have so many ports to welcome
    otherworld species.)
How did they avoid bruising
during the long voyage?
I remember the first ones were always hard.
They couldn't be ripened, like me now.
On the billboards, they were huge
and cut in half. Astonishingly green
and with those black seeds: you had to be brave to eat one.
   (They say there's a photo of Nikita Khrushchev eating a
kiwi at a dinner in the '50s. I haven't been able to track it down)

We shouldn't forget that the kiwi is a bird
as well as a fruit. We should remember too that no animal
smiles at humans in with friendly intentions.
Let's see if you can read their expressions: the grimace
of that chimp displaying his teeth
is his preparation for attack.

   Meanwhile, the immigrants
   who arrived in Spain from Pakistan the same day as the kiwi
   agreed to reduce the spice-content of all their recipes
   and pass them off as Indian.

30 years later, we consider curry
a local dish and there are Spanish kiwis
born right here, under dirty plastic
burnt by the celebrated sun of Andalusia.
The kiwi now for us is neither here nor here,
no novelty. They had to invent a sweeter one
called Kiwi Gold to rekindle our desire
for its flesh.

Epifanía

De todo tiene Franco la culpa: de las separaciones
de su nieta mayor, de aquel día en que Alfonso
de Borbón no respetó esa señal de stop y provocó la muerte
de uno de sus hijos. Y de la propia muerte posterior de Alfonso
de Borbón tiene Franco la culpa, de su cuello sesgado por un cable
en la pista de esquí (accidente de ricos).

De todo tiene Franco la culpa: de mi madre que esperaba
casarse con un chico prudente y aseado y no
lo consiguió. De la moza soltera que protagonizó
Calle Mayor, de la agenda ilustrada del ama de casa
y de las nueve cartas que le escribió su novio
a Berta en la película.

De todo tiene Franco la culpa –suena bien,
por eso lo repito ahora que la luz
es menos macilenta. Por cierto, ¿cuántas feministas
harían falta para cambiar una bombilla?
Los chistes de esta índole no rozaron a Franco.
Puedo ver su expresión confundida
si hubiera oído alguno y, sin embargo,
la culpa de estos chistes
también la tiene Franco.

Aquí no se descansa

Aquí no se descansa: lo dicen las fotografías
de aquellos hombres que cavaron los túneles del metro.
Lo dicen sus cascos de minero y sus caras de orgullo
ante el trabajo duro que habían ejecutado
para todos nosotros
    Señores, hoy abrimos el túnel, la línea 1
ya existe. La realidad transcurre también
por debajo de ustedes.

Epiphany

Everything is Franco's fault: his elder grand-daughter's
separations, the day Alfonso
de Borbón jumped a light and caused the death
of one of his sons. And the subsequent death of Alfonso
de Borbón, his neck severed by a cable
on a ski-slope (a rich man's accident),
all Franco's fault

Everything is Franco's fault: the failure
of my mother's dream of marrying a nice
clean boy. The spinster in the movie
Calle Mayor, the illustrated housewives diary
and the *Nine Letters to Berta* written by her boyfriend.
All Franco's fault.

Everything is Franco's fault – it has a ring to it,
so I say it again now the daylight
is less bleak. Anyway, how many feminists
does it take to change a light-bulb?
No-one told Franco that sort of joke.
I can picture his baffled expression
as he listened, and, nevertheless,
those jokes are also Franco's fault

None shall rest

Here none shall rest: it's in the photographs
of those men who excavated the metro-tunnels.
It's in their miners' helmets and their pride in sweated labour executed
on all of our behalf
>*Gentlemen, we opened the tunnel today, line 1
exists. Reality now whizzes by
beneath your feet.*

Osteoporosis de suelo causada por los hombres (y no por
las mujeres, que estaban en el río frotando ropa sucia
o ganando concursos de mecanografía. Quedó segunda
Miss Edwina Sanderson por escribir la palabra "flabbergasted"
con una sola be).

No me creeréis si os digo
que una pareja que conozco hace tiempo
ha fabricado un humano de pequeño tamaño:
la criatura aún no controla esfínteres, sus padres
le cambian los pañales varias veces al día, han descubierto
una tarea nueva, el vértigo se ha instalado en sus vidas.
Esos pañales sucios, aunque sea de la sagrada caca
de vuestro hijo menor acabarán en un gran vertedero.
      (Otra vez la imagen del mismo
      vertedero usada anteriormente
      en mis viejos poemas)
Los pañales de tu primogénito, ¿cuánto tardaron
en descomponerse? ¿Recuerdas dónde tiraste el último?

Escuela de pudor

¿Cómo les transmitieron el pudor a los ciegos?
¿Cómo les enseñaron que había que taparse
los lugares del cuerpo expuestos al placer? ¿O acaso
cuando oían entrar a una persona
al cuarto se les iban las manos de forma natural
a las partes entendidas como pecaminosas? ¿Qué significa
escote para una damisela que nunca llegó a ver?

Mi fisioterapeuta ciega corre la cortinilla
de la cabina donde me va a atender. Podría muy bien
pasearse desnuda por el consultorio, qué más dará un pezón
o dos, o tres al aire. Qué más darán los salientes y entrantes
del aburrido cuerpo. Y por último: ¿quién le va a devolver

Osteoporosis of the ground occasioned by men (and not by
women, they were in the river scrubbing dirty clothes
or winning stenography competitions. Miss Edwina
Sanderson was pipped at the post for spelling 'flabbergasted'
with only one b.)

You wouldn't credit it if I told you
but a couple I've known for a while
have produced a miniature human:
the baby has no sphincter-control yet, its parents
change its nappies several times a day, they've discovered
a new role, vertigo has taken over their lives.
Those dirty nappies, even if laden with the sacred poo
of your younger son, will end up in a vast landfill-site.
> (And here is the image of the same
> landfill-site I used
> in my early poems)
How long will it take for your first-born's nappies
to rot? Can you remember where you threw out the last of them?

Modesty School

How did the blind learn modesty?
How were they taught one should cover the pleasurable
zones of the body? Or maybe
when they heard someone enter
the room their hands moved naturally
to hide the parts thought sinful. What does
cleavage mean to a damsel blind from birth?

My blind physiotherapist draws the cubicle
curtain to treat me. She might as well
walk naked round her consulting-room, what do an exposed
nipple or two or three really matter? What do the protuberances
and entrances of the tedious body matter? And, lastly,

a los ciegos
       del mundo y de Castilla
todo este aprendizaje que ellos no necesitan?

Encuentros amistosos

1

¿Para quién la amistad?, es decir, ¿para quién
estamos siendo amigos ahora que no nos mira
nadie, qué máquina engrasamos y qué ruedas
dentadas están girando durante esta
charla?
              (Portugal: claro que viene a cuento
              mencionarlo, comparte su frontera con nosotros
              aunque pocos le presten
              atención.)
La amistad la ejercemos al darle sorbos lentos
a las bebidas que pedimos sin sed,
y mientras tanto, algo me suena en los bolsillos
de mis pantalones: serán llaves, monedas.
Qué llaves, qué monedas, si la ropa que llevo
es de una sola pieza. Lo que suena es quizás Portugal,
lo que tan a menudo permanece en silencio,
¿o es el amigo tímido que apenas participa
y hoy quiere decir algo?

No estoy hablando de los ingredientes
sino del guiso en sí. Cada amigo
es un nuevo ingrediente, aunque nunca sea fácil terminarnos
el plato a rebosar de puré de lentejas.
Y así, sin avisar, nos llega el día
de cambiar la bañera por ducha, de borrar
aquello que empleábamos a diario con naturalidad

who will absolve the blind
       of the world and of Castile
from this pointless apprenticeship?

MEETING UP WITH FRIENDS

1

Who is friendship for?, I mean, who
is our friendship for, now no-one
looks at us, what machinery are we greasing,
what cogs rotate during this
dialogue?
       (Portugal is certainly not
       beside the point here, it shares a border with us
       though few people
       notice.)
We engage in friendship taking slow sips
of drinks we ordered though we weren't thirsty,
and meanwhile there's a jingle in my trouser
pockets: it must be keys or coins.
What keys, what coins, if my nether garments
are made from whole cloth. The jingle perhaps is Portugal,
so usually silent,
or could it be the shy friend who barely speaks
and today wants to say something?

I'm not talking about the ingredients
but the stew itself. Each friend
is a new ingredient, even if the brimming
plate of lentil purée is always a challenge.
And just like that, without warning, comes the day
to swap our bath-tub for a shower, erasing
what was our daily custom.

Es limpio, es eficaz, la edad
lo está pidiendo. Yo sí le veo el sentido.

2

Venimos siendo carne
picada últimamente, y no es del todo malo
que así sea. Albóndigas, salchichas,
hamburguesas: es increíble
la versatilidad de la carne picada.
Sirve como relleno y al tumbarse sobre ella
nos resulta mullida.

¿Qué opinas de parecer largos fideos rojos?
Si hay un próximo encuentro entre nosotros, será
en ese formato. Buscar ojos y bocas en las caras
es una práctica del siglo diecinueve, hoy la expresividad
procede de los leves matices del rojo
en el músculo muerto.

Han vuelto a pintar tallas del siglo XV
con colores chillones. El presente interviene
en el valioso pasado y lo estropea con su atrevimiento.
La talla en madera de ese maestro del gótico tardío
acaba de sufrir una devaluación que nos afecta,
según dicen, a todos.

A eso que sentís sobre el arte de ayer, los que redactan
la historia de este siglo lo llaman utopía retrospectiva.
                    ¿Qué más dará poner unos pegotes
coloridos de historia sobre otros?
Será el deseo de recobrar un edén bien pintado
lo que nos mantiene atentos a nuestras pantallitas,
aunque hacerlo nos traiga consecuencias nefastas. Me pasan

Hygienic, efficient, the age
demands it. And I can see the sense in it.

2

Our flesh ends up
as mince, and that's not altogether
a bad thing. Meatballs, sausages,
burgers: mince
is incredibly versatile.
It's filling, and when you lie back on it
it's comfy.

How does looking like long red spaghetti appeal to you?
If we meet again, it will be
in this guise. Searching for eyes and mouths in faces
is a nineteenth century tic, today expressiveness
comes from the slight nuances of red
in dead muscle.

15th century wooden sculpture repainted
in vulgar colours once again. The present intervenes
in the precious past and mars it with its boldness.
The wooden sculpture of that late Gothic master
has undergone a devaluation that, they say,
affects us all.

The historians of this age call your feeling
for the art of yesteryear a retrospective utopia.
                        What's so wrong about overdaubing
historical globs of colour with other globs?
The wish to recover a well-painted Eden
must be what keeps us glued to our little screens,
despite them being so bad for us. They're always forwarding me

sin cesar notas de prensa donde me lo hacen ver.
Me pasan la paleta de colores
de esta edad y yo sigo negándola
con gestos expresivos de cabeza.

Pero si son muñecos

Mamíferos es lo que buscamos, muñecos
de sangre caliente con ojos que miren
y boca que mastique. Que parezca
que algo les late dentro. El exterior, que sea
de pelo suave. La nariz
es quizá lo de menos. Con eso
funcionamos, o incluso con peluches
que hayan estado un rato cerca del radiador.

Qué haremos cuando sólo nos quede un caramelo
de los que dejan la garganta suave.
En esta caja llevo el último: has de saber
usarlo como bálsamo. Pues justo así es la vida
que me queda, o así la siento al menos al chuparla,
como ese caramelo que en la boca
se escurre como un pez.

news-alerts explaining this.
They forward me the colour-palette
of that age and I continue to reject it
with vigorous shakes of my head.

But they're only dolls

Mammals is what we seek, warm-blooded
dolls with seeing eyes
and masticating mouths. It should seem
they have a beating heart within. On the outside
they should have soft hair. The nose perhaps
is insignificant. That's enough
for us to function, even a soft toy might do
if left by the radiator a while.

What shall we do when we only have one sweet left,
the kind that soothe the throat..
I've got my last one in this box; you must
savour it as balm. For the life left to me
is just the same, or at least that's how I feel, when I suck it,
as that sweet in my mouth,
slippery as an eel.

María Eloy García

La Sopera

en el ciclo artúrico de mi mueblebar todos prueban a abrir la llave que
va a dar a ginebra
        lleva una sopera dentro porque es un mueble conceptual
            la cuestión de lo artístico se resuelve en lo cotidiano
¿por qué resulta mi sopera sin estrenar atrapada en las entrañas del mueble
                tan poderosamente sentimental?
                qué duda tan presocrática
           ¿la veré como la primera vez será menos azul?
    ¿cuántos pensaron en su producción en cadena que estaría
              condenada a la oscuridad más absoluta?
          ¿puede llamarse sopera a lo que nunca contendrá?
        ante mi intuición empírica el fenómeno es la sopera
       sólo un juicio sintético podría acercarme a tocarla
pero cuántos juicios universales necesito tan sólo para el recuerdo
este idealismo trascendental merece una crítica necesaria
              imposible hacer pucheros
        pero si me pongo empírico-racional y digo que
la experiencia es el origen y el límite de nuestro conocimiento
        mi sopera tiene en sus cualidades sensibles
    ideas complejas que mantienen mi religión y mi memoria
      la sopera es este deseo imposible hacer pucheros
                y yo me pregunto
          ¿cómo será la sopera con su realidad
        o cómo sería la sopera sin mi idea?

María Eloy García

Tureen

in the Arthurian cycle of my drinks-cupboard everyone tries to turn the key that opens on gin
        it has a tureen inside because it is a conceptual cupboard
      the aesthetic question resolves itself in the everyday
why does my virgin tureen imprisoned in the cupboard's innards pack
              such an emotional punch?
          what a very pre-socratic dilemma
            will it be the same tureen?
      will I see it as I saw it first will it be less blue?
      how many imagined as it left the factory it would be
           condemned to the utmost obscurity?
    is a tureen that will never hold soup worthy of the name?
in the light of my empirical intuition the phenomenon is the tureen
       only a synthetic judgment could bring me to touch it
      but how many last judgments do I need for the memory
        this transcendental idealism calls for a critique
            impossible to make soup or weep
      but if take up an empirico-rational stance and say
experience is the source and limit of all our knowledge
      my tureen holds in its material qualities
      complex ideas sustaining my religion and my memory
       the tureen is this impossible longing to make soup
            and I ask myself
        how the tureen gets on with its reality
        or what would become of it without my idea?

*1st line pun : *ginebra* = gin/Guinevere

El Bien Inmueble

la nostalgia vive en el sexto piso
tira un papel por la ventana
y por un segundo
se confunde con el vuelo migratorio
de un pájaro que quiere aparearse
la mierda que lanza desde su arriba
cae sobre la raya en medio
de un preso en libertad condicional
que no recuerda cómo se iba a su casa
aquí el niño que lo ve todo
crea en ese momento en la parte izquierda del cerebro
un comienzo de neura
que asociará a la placidez veinte años más tarde
la bondad vive en el tercero
tiene una casa confortable pero incómoda
el odio tiene siempre un perro en la puerta del cuarto
pero la decoración de su casa es impecable
la timidez que vive en el quinto
ve por la mirilla de su puerta blindada
la cabeza distorsionada de un gordo que es el mundo
en el noveno vive la veneración
la soltera que comparte piso con la envidia
el del octavo que es el tiempo
se quedó justamente encerrado en el ascensor
aquel día que viniste a mi casa
y yo soy ese edificio
pero nunca subo al décimo
aquel día que viniste a mi casa
y yo soy ese edificio

Building

nostalgia lives on the fifth floor
throws a piece of paper out of the window
and for a second
it becomes a migratory bird
seeking a mate
the bird lime it sheds up there
falls on the middle-parting
of a prisoner on parole
who can't find his way home
here the boy who sees it all
creates that instant in the left side of his brain
the first signs of neurons
which twenty years on he'll associate with contentment
goodness lives on the third floor
her home is comfortable but uncomfortable
hatred always has a dog at the door
but her house is immaculate
shyness lives on the fifth floor
through the fish-eye in her reinforced door she sees
the clown-mirror face of a fat man who is the world
on the ninth floor lives worship
the spinster who flat-shares with envy
the eighth floor tenant who is time
just happened to be trapped in the lift
that day you came to my house
and I am that building
but I never go up to the tenth floor
where that despot perfection lives
I'm usually to be found on the first floor

pero nunca subo al décimo
la casa de la perfección que es una déspota
suelo sin embargo quedarme en el primero
del que nunca sé salir
allí vive el hastío que nunca pagó la comunidad
la memoria
que vive en el segundo
tiene el síndrome de diógenes
todo lo que sube a su casa
es digno de ser guardado
cualquier tontería tiene la dignidad de un tesoro
pero nunca recuerda al que se olvidó de ella
ese día subiré al séptimo
porque es justo allí donde habita el olvido.

DEPRESIÓN POSTPARTO

cuando leíste mi adn no te interesó
reconócelo
a mí tampoco el tuyo
pero te vi allí
con tus peldaños A-T C-G
tu doble hélice dispuesta a replicarse
y qué quieres que te diga
me vinieron ganas de multiplicarte
de dispersar cromosomas por ahí
de que mutáramos juntos
así que puse a mis nucleótidos a trabajar
y bueno tuvimos un xy para ser exactos

     which I can't seem to leave
   ennui lives here and doesn't pay taxes
       memory
    who lives on the second floor
     has Diogenes Syndrome
    everything that goes up there
       is hoarded
     any frivolity treasured
but she won't recall the one who put her out of his mind
  that day I'll go up to the seventh floor
    for that is where *oblivion dwells.*

POSTPARTUM DEPRESSION

when you read my DNA you weren't that interested
face it
nor was I in yours
but I saw you there
with your A-T C-G rungs
your double helix ready to replicate
and what can I say
I felt a need to multiply you
to scatter chromosomes here and there
for us to mutate together
so I put my nucleotides to work
and well we had an xy to be exact

mientras tú llorabas de emoción
por el clon recién nacido
yo pensaba en la belleza
de llevar en nuestras células
la misma información de cuando
estábamos en el agua primera
me vino entonces una nostalgia primigenia
una vergüenza de puro núcleo
una esperanza en la simbiosis
un dolor único e irrepetible
la soledad repentina de una pequeña mitochondria

MUDANZA

me mudé con él
el posesivo
el traficante el temerario
se vino con toda la familia
colon
tiempo
crisis
lágrima
me quise separar porque mi suegra
viuda del espanto
dormía entre nosotros
pero con hábito recién nacido y la pequeña neura
no podía sencillamente no podía
pasaron dos años y los niños crecieron vigorosos
tuve abortos de por medio

while you wept with emotion
for the newborn clone
I thought how beautiful it was
to carry in our cells
the same information as when
we swam in the primordial soup
and then I felt a primeval longing
a purely nucleal shame
a unique and unrepeatable pain
the abrupt loneliness of a tiny mitochondria

MOVE

I moved in with him
the possessive one
the trafficker the reckless
he brought his whole family
colon
weather
crisis
tear
I wanted to separate because his mother-in-law
widow of fright
slept between us
but with my new bad habits and little hang-ups
I couldn't I just couldn't
two years went past and the children flourished
I had miscarriages meanwhile

agorafobia hipocondría
al final le dije al miedo cara a cara
abandono la casa familiar
ya no puedo más
he conocido al más perfecto de los seres
tiene todo el tiempo del mundo
se llama conformismo
tiene mi misma edad y un piso en todo el centro

amantes biónicos
los amantes biónicos se acoplaban con el audio
cuando se susurraban cosas al oído
se miraban mirándose en las pantallas de plasma
generaban exactas endorfinas
se calculaban de péptido a péptido
neurotransmitían un abrazo
pensaban en futuros niños biónicos
que sacaran los ojos de los pájaros
con sus manitas metálicas
no era necesario tocarse
en el sistema operativo el programa
sentir actualizado
se sabían idénticos simétricos
no tenían género porque no había nada que preponderar
cuando la barra de espera llegaba al 90 %
podían cargar la idea del placer
se necesitaba que ambos discos
tuvieran un espacio suficiente de memoria
tanto pesaba el orgasmo
la excepción grave la pantalla azul dura sobre la cara

agoraphobia hypochondria
in the end I told fear face to face
I'm leaving the family home
I can't go on
I've met the most perfect creature
he has all the time in the world
his name is conformity
he's the same age as me and has a flat in town

the bionic lovers mated in feedback
when they whispered in each other's ear
gazed at each other gazing at each other on plasma screens
they generated exact endorphins
calculated one another from peptide to peptide
neurotransmitted an embrace
imagined future bionic children
who would put out the eyes of birds
with their metallic hands
they didn't need to touch one another
in the operating programme
feeling activated
they knew they were identical symmetrical
they were genderless since nothing need predominate
when the progress bar reached 90%
they could load the pleasure principle
it was necessary for both discs
to have sufficient memory
orgasm took up so much space
the blue screen freezes fatal system error

no hay memoria en disco
es perfecto para cualquier idilio
el gatillazo azul de la memoria

canto los cuarenta
tenía en mí la radiación y lo eléctrico
cuanto toqué se contagiaba se destruía
tocaba las pestañas y caían estrepitosamente
como un código de barras de acero
ahora cae todo el interior
en el que me vi crecer
y se mantiene solo el contorno
como si fuese una mujer puramente vectorial
cae el interior sobre el suelo
y el pedazo más breve me lleva
en su chasquido imperceptible
mi táctica es de un cristal finísimo
y suena cuando cae
pero lo que verdaderamente sonó a cadáver
fue el humor
y la desgana se fugó con mis restos
ahora ira es mi marido
y su madre la rabia viene los sábados
a colocar las dos literas muy juntas
de *los hijos de la ira*

there is no memory on disc
perfect for any idyll is
the blue trigger of memory

song turning forty
I was electric and radio-active
everything I touched succumbed and broke
I touched my eye-lashes and they fell with a clatter
like a steel barcode
now the whole interior
I saw myself grow up in falls away
and only the contour stands
as if I were a woman-vector
the interior falls to the ground
and the smallest fragment bears me
in its imperceptible snap
my touch is of the finest glass
and shatters when it falls
but what really dropped like a corpse
was humour
and apathy eloped with my remains
now wrath is my husband
and his mother comes round every Saturday
to jam together the two bunk-beds
of *the children of wrath*

EL CANTO DE CADA CUAL

cada cual gestiona su abismo
se recupera de su ozono
se calma en su herida momentánea
se nutre de tiempo
se desborda
cada cual mece sus cicatrices
y mueve los dos brazos al andar
cada cual habla de su centímetro cuadrado
y es libre de sentirse atado
cada cual es piscis y cuaternario
es gente que trafica que investiga
que acaricia al pájaro y que desdobla la ropa
cada cual piensa en todas las teorías
y solo se queda con las útiles
cada cual se baña y escupe
se desviste y se viste
llega tarde al umbral y pronto al lugar mismo
a cada cual le crecen las uñas
y se dignifica con ser humano y razonable
cada cual es una multitud de cuerdas tensadas
es subatómico y decisivo
cada cual se viste y se desviste
mientras la gravitación hace lo suyo
la oxidación hace lo suyo
el cáncer hace lo suyo
cada cual muere en su núcleo
es enterrado y recordado
cada cual estuvo una vez hecho de hábitos
pero lo bonito de la historia

SONG OF US ALL

we all manage our abyss
recover from our ozone
calm down in our momentary wound
feed on time
spill over
we all lull our scars
and swing both arms when we walk
we all discuss our centimetre square
and are free to feel tied down
we all are pisces and quaternary
we traffic and research
we stroke the bird and fold our clothes
we all mull over theories
and discard the unhelpful ones
we all wash and spit
undress and dress
arrive at the threshold late and early at the place itself
we all have nails that grow
are held to be human and rational
we all are a multitude of tensed cords
are subatomic and decisive
we all dress and undress
while gravity does its work
rust does its work
cancer does its work
we all die in our nuclei
are buried and remembered
we all were once made up of habits
but the beauty of the story

lo verdaderamente interesante
es que cada cual no supo nunca
si era mejor la memoria o el olvido

the really interesting part
is that none of us ever found out
if we'd rather have been forgotten.

Berta García Faet

Querer Querer (II)

> *Nadie nunca nada me es constante*
> Carlos Edmundo De Ory

Qué importa el libro qué importa el orgasmo
si luego vienes con tu rostro le falta sal
con tu rostro le falta llama le falta ron
si luego vienes con tu ¡más lento, el metrónomo
no miente jamás!
               Qué importa la curia pontificia

(allí decidimos que los besos eran sagrados
y en una definición perifrástica memorable
conseguimos explicar la vida con palabras sencillas
como pan de cereales como tinto como bocas)

si luego vienes tú cabizbaja tú temblorosa
con tu querer querer
con tu No sé No puedo Tengo prisa
con tu Imposible ya estoy llena Aquí no cabe
ni un recuerdo más: Véte
con tu bella imagen de La Rochelle
a tu cama y olvida qué fuimos, olvida que fuimos
las flores más felices del siglo veintiuno;
                      dime,
qué importa la Canzonetta que no muere
de Piotr Ylich si luego vienes tú llorosa
con tu tengo sed con tu tengo frío
qué importa la alegría el alcohol o las ciudades
que te matan con sólo mirarlas
si luego vienes tú con tus limitaciones
con su *no ser perfecta, me hiere* que te apropias
con tus miedos de escritora paranoica
con tu Lo siento Yo no quiero a nadie.

Berta García Faet

Wanting to want (II)

> *Nothing no-one ever stays with me*
> Carlos Edmundo De Ory

What good the book what good the orgasm
if then you come with your face like salt
with your face with no flame with no rum
if then you come with your steady, go steady, the metronome
never lies!
                What good the Pontifical Curia

(where we declared kissing sacred
and in a memorably lengthy definition
established the meaning of life in simple words
like bread like wine like mouth)

if then you come you with your head down you shaking
with your wanting to want
with your I'm not sure I can't I have to go
with your Impossible I'm full now There's no room here
for one more memory: Take your beautiful
image of La Rochelle and go back
to your bed and forget we were, forget we were
the luckiest flowers of the 21st century;
                                tell me,
what good the immortal Canzonetta
of Piotr Ylich if then you come sobbing
with your I'm thirsty with your I'm cold
what good contentment or drink or cities
that kill you with one glance
if then you come with your complexes
with your borrowed *not being perfect, hurts me*
with your paranoid female writer's fears
with your I'm sorry I don't love anyone.

Veinte años

> *La vida paga sus cuentas con tu sangre*
> *y tú sigues creyendo que eres un ruiseñor*
> Roque Dalton

> *Y a los veinte aún me atrevía a utilizar vocablos famosos*
> *dije felicidad y dije alma y dije soledad y dije siempre*
> Félix Grande

I.

Extrañeza y cumpleaños.
La madrugada de los recuerdos.
Un manifiesto de poesía
o una lista de buenos propósitos.
Preguntas y respuestas en test
de embarazo
o una novela.
Sentirme, sentirlo todo
o tener hambre.
Echar de menos al amante
o a los padres y al hermano.
La noche de las tinieblas
o el corazón del fin del viaje.
Todo sea por ordenar,
por rendir homenaje mediocre,
por postergar la solución de no entender
nada: no sacar conclusiones
sino versos y tickets de compras.
He reflexionado y tengo veinte años
y he tenido veinte amantes (no recuerdo
dos nombres).
Reconozco mi vientre y mis labios
pero a veces (por las noches)
no tengo nada en que pensar
y sufro.

Twenty

> *Life pays its bills with your blood*
> *and you still think you're a nightingale*
> Roque Dalton

> *And when I was twenty I dared to use big words*
> *I said happiness and soul I said loneliness and forever*
> Félix Grande

I

Startlement and birthday.
The first light of memory.
A poet's manifesto
or a list of good resolutions.
Questions and answers in the form of
a pregnancy test
or a novel.
Feeling myself alive, alive to everything,
or hungry.
Missing the lover
or parents or brother.
Dark night
or heart at journey's end.
All this to sort things out
to render a poor homage,
to defer the solution of understanding
nothing: drawing no conclusion
but writing verse and collecting receipts.
I've thought things over and I'm twenty
and I've had twenty lovers (I don't recall
two names). I recognise my belly and my lips
but sometimes (in the night)
I have nothing to think about
and I suffer.

II.

A las tres de la mañana del día de tu cumpleaños
en la tele sólo hay porno
en el Messenger sólo resisten los raros
y no son horas para llamar al amante
(puesto que vive con sus padres y sería peligroso).
Es demasiado pronto para desayunar muesli
y demasiado tarde para pedir perdón.
O bien los perros ladran y los grillos tartamudean
o bien los gatos gimen y blasfeman (esto es insoportable).
La salvación está en las pastillas
pero lo estás dejando.
Como el problema es la extrañeza,
en este el milenio del aburrimiento y de la cúspide de Maslow,
no lloras
(en todo caso te rascas la rodilla; justo en el centro
te ha besado un mosquito).
Así que lo que haces es leer o escribir,
pero ni Plath ni Strand ni Schopenhauer, el Infalible,
pueden consolarte (esto te extraña: qué pozo
incognoscible somos, qué espirales).
En todo caso, así te lo ha indicado el psicólogo
de la revista
y además no hay nada mejor que hacer. Empiezas:

extrañeza y cumpleaños, la madrugada de los recuerdos.

Cuando despiertas a las doce
dormir se te ha pasado muy rápido
y ya no recuerdas todas esas cosas horribles
que pensaste (y que el lector por suerte
no imagina; tienen que ver con el vacío,
edificios altos, siluetas
que se ahuyentan).

II

At three a.m. on your birthday
there's only porn on TV
only the weirdoes are still going on Messenger
and it's not a good time to call the lover
(because he lives with his parents and it would be risky).
It's too early to breakfast on muesli
and too late to ask for forgiveness.
Either the dogs bark or the crickets stammer
or else the cats moan and blaspheme (this is torture)
Salvation lies in pills
but you're giving them up.
Since the problem is startlement
in this the millennium of boredom and Maslow's cusp
you don't cry
(anyway you're scratching your knee; right in its centre
a mosquito has kissed you).
So what you do is read or write,
but not even Plath or Strand or Schopenhauer, the infallible,
can console you (this surprises you: what unsoundable
wells we are, what spirals).
Or so you were informed
in *Psychologies* magazine
and besides you might as well. You start:

Startlement and birthday. The first light of memory.

When you wake up at mid-day
you've slept like the dead
and now you don't remember all those horrid thoughts
you had (which the lucky reader
can't picture; things concerning the void,
high buildings, fleeing
silhouettes).

Así que lo que haces es darte la bienvenida,
el lugar es negro y huele a flores
secas entre libros que ya no quieres,
pero todo puede cambiar, también
la piel, las pestañas, el camino.
Y opinas:

lo mejor sin duda es quejarse temprano,
teñir de oscuro todo, fingir ser depresiva;
así es como se escribe poesía, así es como
se triunfa. Así es como te acercas
al absurdo, así es como se vuelve.

        Pero cuando recuerdas y planeas
(eres una ciudad que se financia con visitas
a los monumentos del pasado, pero no haces
más que construir nuevos templos cuadrados,
rosáceos jardines, le pides una cita a Mies van
der Rohe) sabes
que mientes, por escribir algo, sabes
que eres feliz, estrella feliz, labio feliz:
y ahora vas a desmayarte.

Me gustaría meter a todos los chicos que he besado desde el año 1999 en una misma habitación

me gustaría meter a todos los chicos
que he besado
desde el año 1999
en una misma habitación
y volver a besar a todos los chicos
que quiero volver a besar
y besar en la mejilla (o tal vez en la frente)
a aquellos a quienes ya no amo
y decirles a los chicos cuyo nombre no recuerdo

So what you do is make yourself welcome,
the place is black and smells of dried
flowers in books you no longer like,
but everything can change, even
one's skin, eyelashes, direction.

And you state:
no doubt it's best to start sorrowing early,
dye everything dark, feign depression;
that's how poetry gets written, that's how
you win. That's how you reach
the absurd, that's how you come back from it.

                      But when you remember and make plans
(you are a city that pays its way through tourism
round ancient monuments, but you constantly
build new square temples,
rose-gardens, ask for a meeting with Mies van
der Rohe) you know
you're lying, just to write something, you know
you're lucky, lucky stars, lucky lips:
and now you swoon.

I'D LIKE TO PUT ALL THE BOYS I'VE KISSED SINCE 1999 IN THE SAME ROOM

I'd like to put all the boys
I've kissed
since 1999
in the same room
and kiss once more all the boys
I want to kiss once more
and kiss on the cheek (or maybe on the forehead)
the ones I've gone off a bit
and say to the boys whose names I don't remember

hola, cómo te llamas?
y decirles a los chicos cuyo nombre no he olvidado
no he olvidado tu nombre, y tú?

me gustaría ponerlos en fila
y mirarles fijamente a los ojos uno por uno por orden
cronológico
y asignarles, no un número, sino un color y una temperatura
y asignarles, no un número, sino una canción pop
de vocación mimética

me gustaría ponerlos luego por parejas y hacer que practicaran
su expresión oral
en distintos idiomas
me gustaría ponerlos luego en un círculo
en un círculo muy grande y muy ceñido
en torno a mí
como si todos los chicos que he besado desde el año 1999
fueran un solo vestido, un solo vestido rojo de lunares blancos
un solo vestido que me quito porque tengo calor
un solo vestido que me quito porque tengo calor y porque quiero
quedarme para siempre desnuda
con todos ellos en una misma habitación
cerrada con llave

me gustaría cerrar con llave esta habitación y todas las habitaciones
que son la misma habitación
y no decir nada
no decir nada durante 3 o 4 minutos
y que se extrañen un poco
y decir luego muy tenuemente, en el momento justo,
que empiece la fiesta
me gustaría que se lo pasaran muy bien
bebiendo ponche-cliché y comiendo emparedados-cliché y bailando
los unos con los otros
y que alguien grabara un vídeo
y que alguien sacara fotos comprometidas

hi, what's your name?
and say to the boys whose names I haven't forgotten
I haven't forgotten your name, how about you?

I'd like to line them up
and gaze into their eyes one by one
chronologically
and assign them, not a number, but a colour and a temperature
and assign them, not a number, but a pop song
as a mnemonic.

then I'd like to pair them up and get them to practice
expressing themselves
in different languages
then I'd like to arrange them in a circle
in a very large tight circle
around me
as if all the boys I've kissed since 1999
were one dress, a red dress with white polka dots
all one dress which I take off because it's hot
all one dress which I take off because it's hot and because I want
to be naked forever
with all of them in one
locked room

I'd like to lock this room and all the rooms
that are one room
and say nothing
and say nothing for 3 or 4 minutes
and for them to wonder a little
and then say very faintly, at the exact right moment,
let the party begin
I'd like them to have a great time
drinking cliché-punch and eating cliché-canapés and dancing
with each other
I want someone to film a video
and someone to take compromising photos

y que se distrajeran y que se entretuvieran
porque la vida es eso
y que pensaran muy sinceramente
me alegro de haber venido
y que musitaran entre dientes *la vida es buena, qué tristeza*
tenernos que morir

quiero que se hagan mejores amigos
quiero que charlen animadamente sobre política verde
y sobre adverbios
y sobre cómo es difícil
no pensar todo el rato en uno mismo
y sobre cómo es difícil
recordar ciertos nombres, olvidar ciertos nombres
y sobre cómo es difícil
escribir el poema que queremos escribir (que, en ningún caso, versa sobre
                chicos
ni sobre los besos de los chicos ni sobre chicos que se transforman en
                vestidos rojos
con lunares blancos
sino sobre política verde, sobre el concepto de verdad y metáfora
en la filosofía del lenguaje
de friedrich nietzsche, sobre la luz
y la oscuridad como verdad y metáfora de ciertas preguntas morales
que necesitan de otro vocabulario,
que necesitan de otro vocabulario mejor que no se base ni en titilaciones
ni en sombras de titilaciones,
sobre las normas
y las transgresiones en la poesía amorosa de alfonsina storni, sobre la
                poesía social
de la postguerra española, sobre política
verde y sobre cómo es difícil
no pensar todo el rato en ciertos nombres y en la promesa ético-estética
del expresionismo abstracto
y en Dios)

I want them to kill time having fun
because such is life
I want them to think very sincerely
I'm glad I came
and mutter through their teeth *life is good, how sad
we have to die*

I want them to become best friends
I want them to chatter about green politics
and adverbs
and about how it's hard
not to think of oneself the whole time
and about how it's hard
remembering some names and forgetting others
and about how it's hard
to write the poem we want to write (which isn't, ever, about boys or boys'
kisses or about boys transformed into red dresses with white polka dots
but about green politics, about the concept of truth and metaphor
in friedrich nietzsche's
philosophy of language, about light
and darkness as truth and metaphor for certain moral questions
that need a different vocabulary
that need a different vocabulary not based on titillations
or on the ghosts of titillations,
about rules
and their breaking in the love poetry of alfonsina storni, about the
               social poetry
of the Franco period, about green
politics and about how it's hard
not to think about some names the whole time and about the ethico-
               aesthetic promise
of abstract expressionism
and about God)

...he mentido, sí que me gustaría
asignarles un número, un número muy grande y muy ceñido
que me permitiera repasar en orden cronológico
todos los acontecimientos
me enorgullezco de haberme besado con chicos tan guapos
no me enorgullezco de los poemas que he escrito que son obviamente malísimos
sino de los poemas que me leyeron
todos los chicos que he besado desde el año 1999
me enorgullezco de recordar ciertos nombres, de olvidar ciertos nombres
y de estar aquí
aquí en esta habitación
aquí en esta misma habitación cerrada con llave y a la vez muy entreabierta
la posibilidad de la música, la música que de repente
empieza a sonar muy fuerte, muy fuerte y todos bailan, todos piensan
me alegro de haber venido

me gustaría que ninguno se sintiera desplazado
y que ninguno se diera cuenta
de que en realidad lo que yo quiero ahora es hablar a solas con aquel chico
me gustaría tomar del brazo a aquel chico
y susurrarle
sinceramente tenía muchas ganas de tomarte del brazo
los 2 libros que me regalaste
me gustaron bastante, los leí en un tren
sinceramente el episodio de sexo salvaje estuvo genial
pero opino sinceramente que deberíamos casarnos o algo así
no, en serio, deberíamos...

me gustaría no clasificarlos
pero estoy segura de que los clasificaría porque clasifico todo
no lo haría por edad o por nacionalidad o por aptitudes o por estado civil
habría 2 grupos
el grupo de los chicos con los que fui yo
y el grupo de los chicos con los que no fui yo
(dentro del grupo de los chicos con los que no fui yo
seguramente habría algún chico impertinente
que preguntaría

…I lied, yes I would like
to assign them a number, a very high tight number
allowing me to review in chronological order
everything that took place
I'm proud to have kissed such beautiful boys
I'm not proud of all the poems I wrote that clearly are
terrible
but of the poems all the boys I've kissed since 1999
read to me
I'm proud of remembering certain names and forgetting others
and of being here
here in this room
here in this very locked but get-into-able room
with maybe music, music which suddenly
booms out, booms out and everyone dances, everyone thinks
I'm glad I came

I'd like it if no-one felt out of place
and no-one realised
that what I really want now is to be alone with that one boy
I'd like to take that boy by the arm
and whisper
honestly I was dying to take you by the arm
the 2 books you gave me
I quite liked them, I read them in the train
honestly the wild sex was great
but honestly I think we should get married or something like that
no, really, we should…

I'd like not to categorise them
but I'm sure I would categorise them because I categorise everything
I wouldn't do it by age or nationality or aptitudes or marital status
there'd be 2 lists
the list of boys I was myself with
and the list of boys I wasn't myself with
in the list of boys I wasn't myself with
of course there'd be one
who'd ask me insolently

si no eras tú, quién eras? friedrich nietzsche? alfonsina storni?
pero me he preparado una contrarréplica
*es una manera de hablar, chico, al fin y al cabo siendo rigurosos y siguiendo
a friedrich nietzsche, la vida es eso,
maneras de hablar)*

me gustaría volver a ponerlos en fila
y confesarles uno por uno por orden
cronológico y por telepatía
cosas secretas
del tipo *cuando acampamos en la playa
me sentí tan feliz que me sentí muy triste
de tener que morirme algún día* o del tipo
*una vez chateamos por facebook durante 8 horas
y amaneció y sentí que la vida era esto* o del tipo
*no sé si ha sucedido o si no ha sucedido
sinceramente espero que sí*
me gustaría volver a tomar del brazo a aquel chico
que aseveró muy serio *me gustaría volver a tomarte del brazo
y follarte, sinceramente*
y susurrarle
lo que te he susurrado antes no era broma

me gustaría meter a todos los chicos
que he besado
desde el año 1999
en una misma habitación y hacer estadísticas y averiguar
cómo me gustan los hombres y coger un altavoz y ponerme a declamar
*aviso: de vez en cuando meteré a muchísimos hombres que me gustan
en un cuarto diminuto, que será metafórico o no será*
añadiré
*aviso: me olvido de todo pero os quiero igual
(sinceramente no a todos)*
*aviso: si pudiera pedir un deseo
pediría no olvidarme de nada y quereros igual y que aquel chico
estuviera de acuerdo en repetir aquel episodio de sexo salvaje y que aquel chico
se venga conmigo
a donde yo diga*

if you weren't yourself, who were you, friedrich nietzsche?, alfonsina storni?
but I'm ready with a comeback
it's a manner of speaking, boy, when you come down to it to be rigorous and according to nietzsche, that's what life is,
manners of speaking)

I'd like to line them up again
and confess to them one by one
in chronological order telepathically
secret things
such as *when we camped on the beach*
I felt so happy that I felt very sad
I'd have to die someday or such as
once we chatted for 8 hours on facebook
and dawn came and I felt that that's what life was or such as
I don't know if it happened or it didn't happen
I really hope it did
I'd like to take that boy by the arm again
who declared with the utmost gravity *I'd like to take you by the arm again*
and fuck you, honestly
and whisper
I meant what I whispered just now

I'd like to put all the boys
I've kissed
since 1999
in the same room and do the math and figure out
how I like men and pick up a megaphone and declaim
warning: every so often I'll put a lot of men I like
in a tiny room, metaphor or non lieu
I'll add
warning: I forget everything but I love you all just the same
(well to be honest not all of you)
warning: if I could have a wish
I'd wish not to forget anything and to love you all the same and for that boy
to agree to reprise the wild sex and for that boy
to come with me
where I tell him to

que es básicamente a mi casa
aviso: no me hables de política verde
háblame de prolongaciones y de espontaneidades y de la inmortalidad
del amor, etc., no pasa nada si mientes pero mejor si no mientes
bueno, mejor dicho, no mientas
aviso: cuando tenga 58 años me convertiré al catolicismo
o a alguna otra confesión, pero siempre del ala dura
porque te lo aviso: constantemente estoy al borde de creer en cosas extremas
soy una muchacha exaltada envidio a los párrocos
del mundo rural y a todas las señoras espirituales
aviso: tengo muchísimo miedo
de la locura
y de la maldad
y del teatro de eugene o'neill y de edward albee
aviso: me encantan las enumeraciones
aviso: mis preferencias eróticas están bastante definidas y a estas alturas
no sé si voy a cambiar
aviso: aspiro a morirme con mucha tristeza de morirme
siendo ya muy anciana
y habiendo acumulado ya mucha sabiduría
me visualizo claramente columpiándome en una mecedora
en un porche
riéndome a carcajadas de un chiste absurdo

me gustaría volver a ver a todos los chicos
que he besado
desde el año 1999
tal y como eran entonces, y tal y como son *hoy*
2 o 3 veces más
en 2 o 3 fiestas privadas en las que suene de repente
y muy fuerte
muy buena música
todos desnudos, bajo un cielo rojo y blanco que sea como un vestido
ajustado
que me quito porque tengo mucho calor
tengo mucho calor
me gustaría volver a ver a aquel chico
500 veces más

which is basically to my place
warning: don't talk to me about green politics
talk to me about continuity spontaneity and the immortality
of love, etc., it's ok if you lie, but better if you don't
well, put it this way, don't lie
warning: when I'm 58 I'll convert to Catholicism
or some other faith, but always a hard-line faith
because, I warn you: I'm constantly drawn to wild beliefs
I'm a fanatic I envy country priests
and deeply religious ladies
warning: I'm terrified
of madness
and evil
and the plays of eugene o'neill and edward albee
warning: I love lists
warning: my erotic preferences are fairly clearly defined by now
I doubt I'll change
warning: I hope I'll die very sad to be dying
and very old
and with a rich store of wisdom
I can see myself rocking in a rocking-chair
on a porch
and laughing my head off at a ludicrous joke

I'd like to see all the boys
I've kissed
since 1999
just as they were then, and just as they are *now*
2 or 3 more times
in 2 or 3 house parties where suddenly would
boom out
very loud
very good music
all naked, under a red and white sky like a clinging dress
I take off because it's very hot
it's very hot
I'd like to see that one boy
500 times more

CUESTIONARIO PRE-MATRIMONIAL

¿Nos vamos a vivir a un falansterio?
¿Has perdido mucho el tiempo?
¿Escribir libros tristes es adaptativo?

¿No hay cuerpo que no sea, a largo plazo, música?
¿Te drogas? ¿Crees en algo? ¿Eres salvaje? ¿Eres anarquista?
¿Teísmo, flechas, ritos, pasos?
¿Estrías, ascuas, teína, ateísmo?

¿Has resbalado por el páramo con una décima de fiebre?
¿Ríes a carcajadas por el páramo con una décima de fiebre?

¿Escuchas el silencio histriónico de la palabra *harpa*?
¿Escuchas el silencio histriónico de todas las palabras?
¿Escuchas el silencio histriónico del imperativo *abrázame* y,
verbalizándolo, me abrazas?

¿Plagian, pero mal, las palabras a los grajos?
¿Los textos de los cuervos? ¿Los cloqueos-contraseña?
¿Y el vapor, y el pespunte? ¿La diástole, el párpado?

¿Es una herida fresca?
¿Tienes mucho calor?
¿Nihilismo o pétalo?
¿Nihilismo o pétalo?

Pre-nuptial Questionnaire

Shall we join an utopian community?
Have you wasted much time?
Is writing sad books adaptive?

Don't all bodies mutate into music in the long run?
Do you take drugs? Believe in anything? Are you wild? Anarchistic?
Theism, darts, rites, processions?
Striations, embers, theine, atheism?

Have you slipped over on moorland with a fever?
Have you burst out laughing on moorland with a fever?

Can you hear the unvoiced plea of the word harp?
Can you hear the unvoiced plea in every word?
Can you hear the unvoiced imperative *hold me* and,
voicing it, hold me?

Are words a poor copy of rook-song?
Crow-texts? Caw-passwords?
And mist, and petit-point? The diastole, the eye-lid?

Aren't you bleeding?
Do you feel very hot?
Nihilism or petal?
Nihilism or petal?

Deseo

> *y mujeres que sólo se alimentan de pétalos de rosa*
> Oliverio Girondo

> *and the lovers*
> *pass by, pass by*
> Sylvia Plath

Padres, hermanos, amigos, profesores:
soy un ser de deseo.

No es suficiente el contexto
--yo en el salón, en la bañera, en el cine, en el despacho:
ocupada en las tareas que desubican el deseo--
para lograr acallar este hecho sin espacio:
que, especialmente,
soy un ser de deseo.

En el reino de la astenia y sus panfletos,
en este el milenio de la saturación y los cuerpos bellísimos
encerrados en patéticos frasquitos de fobias,
sin tocarse,
yo soy un ser de deseo: bocas entreabiertas,
corazón-voluta.

En el mundo de los helados estanques
de unidades inconmensurables y aisladas del contacto
(cuerpos bellísimos agarrados a maderas,
miedosos de rozar un tobillo,
por si al final se enamoran),

os tan-solemne-y-tierna-y-felizmente anuncio
una pulpa de deseo: no puedo salir de Shostakovitch
y me alimento de trompetas y de amores de la infancia
que me encuentro en el metro y de señores-frutas.

Soy un ser de deseo:

Desire

> *And women who only feed on rose petals*
> Oliverio Girondo

> *and the lovers*
> *pass by, pass by*
> Sylvia Plath

Parents, sisters, brothers, teachers, friends:
I am a creature of desire.

Wherever I am,
in the living-room, in the bath, in the movies, in the office:
busy with displacement activities for desire,
can't silence this fact without a space,
that, above all else,
I am a creature of desire.

In the kingdom of asthenia and its propaganda,
in the millennium of saturation and beautiful bodies
sealed in pathetic jars full of phobias,
not touching one another,
I am a creature of desire: lips ajar,
heart-scroll.

In the world of frozen-over lakes
in this world of incommensurable units with no common factor
(beautiful bodies clinging to planks,
afraid of ankle contact,
lest they should fall in love,
I grave-and tender-joyfully proclaim myself to you
a pulp of desire: I'm stuck in Shostakovich
and I feed on trumpets and boyfriends from childhood
I meet in the underground, and manfruit.

I am a creature of desire:

1. Sé lo que es una revuelta de hormigas rojas africanas
   por entre las piernas.
2. Sé lo que es llegar a morderse los labios.
3. Sé lo que es decirle, por ejemplo
   "oh qué interesante"

mientras pienso
"oh Dios lo que te haría,
oh Dios oh Dios en cuanto te descuides
te planto un beso que te mueres de colores";
y,
luego,
impondré mi disciplina –y una cierta dulzura–
en tu cuarto ex-templo-de-ver-castamente-películas;
y,
luego,
montaré una fiesta con los que un día fueron míos,
y os haréis buenos amigos, y volveremos todos
a un cierto París básicamente de cuellos.

Porque,
sobre todo,
soy un ser de deseo;
y si me muevo por el mundo
es para que engorde, que engorde, que engorde
a mis expensas.
Constantemente paso hambre.
Soy un ser de deseo, caminamos juntos
por mi diagonal de cosas:
algún prodigio, alguna ventana.

Y sólo cuando mi deseo
se ha convertido en una inmensa bola
o en un pichón o conejo obeso y planetario,
lleno de estrías por seguir creciendo
hasta llegar al límite abismal de su volumen posible,

1. I know what it is to have a riot of African red ants between my legs.
2. I know what it is having to bite my lip.
3. I know what it is to be saying, say,
   oh how interesting

when I'm thinking
oh God what I'd do with you
oh God oh God when you least expect it
I'll kiss you and you'll die of colours,
and,
then,
I'll impose my order, and a little sugar,
on your room, ex-temple-to-chastely-watching-movies,
and,
then,
I'll hold a party for those who once were mine
and make you all good friends, and we'll all go back
to a Paris made up basically of necks.

Because,
above all,
I am a creature of desire;
and if I move around the world
it's to fatten, fatten, fatten
at my own expense.
I hunger all the time.
I am a creature of desire, we walk together
over my diagonal of things:
a miracle, a window.

And only when my desire
has become an enormous ball
or a pigeon or an obese planetary rabbit
    covered in stretch-marks from its continual expansion
    until it reaches the abyssal limit of its growth,

sólo entonces,
cuando su tamaño ya nos resulta plenamente asqueroso,
socialmente nocivo, sentimentalmente molesto,

lo mato
y me lo como.

Collage Verano 1989 Verano 2008

> *Das sind seltene Feste, welche du niemals vergißt.*
> Rainer Maria Rilke

Las declinaciones alemanas y yo
les deseamos
un buen vuelo, tan extraño
como que el piloto se presente,
y un alegre bávaro, un auténtico *homo ludens*
tal vez llamado Sebastián,
tal vez fuera el pseudónimo que los desconfiados
se buscan para las mujeres efímeras
(un joven políglota que viva por el sexo,
por Hesse y por el arte culinario: que sea
publicista)
que os haga el amor
toda la noche
durante exactamente nueve días

(que es lo que dura la perfección absoluta)
(diez, en primavera).

Luego, recordarán lo que pensaban
mientras os contaba su bello peregrinaje a Brasil
con su prometida de muslos gruesos y negros
y, puesto que ambos sois hedonistas y amorales,
no vacilaréis en despediros como sigue:
"¡Supongo que ya no nos veremos nunca...!"

only then,
when its size is already utterly disgusting to us,
a threat to society and our sanity,

will I kill
and eat it.

Collage summer 1989 summer 2008

> *Das sind seltene Feste, welche du niemals vergißt.*
> Rainer Maria Rilke

The German declensions and I
wish you
a good flight, a strange one,
as the pilot introduces himself,
as does a jolly Bavarian, a real *homo ludens*
maybe called Sebastian
maybe under a pseudonym the wary
adopt with random women
(a young polyglot who lives for sex
for Hesse and the culinary art: who works
in advertising)
who makes love to you
all night
for exactly nine days

(which is how long absolute perfection lasts)
(ten, in spring)

Later, they'll remember what they were thinking
while he described his beautiful pilgrimage to Brazil
with his dark-skinned thick-thighed fiancée
and, since you are both amoral hedonists,
you won't hesitate in signing off as follows:
'I guess we'll never meet again…'

En cuanto al modelo en sí, lo que a mí me parece
un Boeing 737-800 violeta y helado está
temblando: turbulencias,
y ya viene el desayuno, que es penoso.

Y feliz año.

Nunca, óyeme bien, NUNCA
comprendiste ni comprenderás las preposiciones
ni desde luego las palabras compuestas
ni abstracciones como tiempo, memoria o ternura

tan preciosas
las declinaciones
y el alegre bávaro y el año nuevo persistente
ahí mismo en el suelo del parquet:

os deseamos sinceramente todos nosotros
nuestra familia nuestros sirvientes el husky siberiano
(adjuntamos una foto actualizada en el nuevo porche)
felicidad, gramática y control de pasaportes
de ciudadanos de la Unión Europea
y dinero para comprar bombones y pannacota
que os consuelen, si es posible,
si nuestros deseos altruistas no se cumplen

(como algunos listos ya predicen)
(porque no creen en nada).

As for the plane itself, what looks to me like
a violet ice-coated Boeing 737-800 is
bucketing: turbulence,
and here comes breakfast, a nightmare.

And a happy new year.

You never, I repeat, NEVER
understood or will understand the prepositions
nor of course the portmanteau words
nor abstract nouns like time, memory, tenderness

so lovely
the declensions
and the jolly Bavarian and the tireless new year
right there on the parquet floor

all of us our family our servants
the Siberian husky (we attach
a photo taken on the new porch)
sincerely wish you happiness, grammar
and E.U. passport control
and money to buy bonbons and pannacotta
to console you, if possible,
should our selfless wishes come to naught

(as some smart-alecs already prophesy)
(because they have no faith)

Erika Martínez

Mirar a través

Primera. Acumulo llaves
porque mucha gente confía en mí
y su confianza es un plumaje
donde apoya la cabeza todo aquello
de lo que nunca fui capaz.

Segunda. Acumulo llaves
porque me propago por dispersión
desde que atravesé la rendija
de mi nuevo horizonte laboral,
viajando a múltiples ciudades
para realizar tareas muy urgentes
de utilidad no demostrada.

Tercera. Acumulo llaves
porque su peso en el bolsillo me alivia
de un miedo genérico y delator
a no poder entrar (detrás del miedo
siempre hay un tipo emboscado
que se abraza la gabardina).

Cuarta. Acumulo llaves
porque disfruto del sufrimiento
que me produce confundirlas
mientras trato de abrir y alguien me observa
reverenciando la cerradura.

Última. Acumulo llaves
hasta que desaparecen los lugares que abrieron
(¿no deja lo que marcha como un rastro de humo?)
y empiezan a dibujarse, quién sabe dónde,
los próximos lugares que abrirán.

Erika Martínez

Seeing through

First. I collect keys
because a lot of people trust me
and their trust is a pillow
on which all I could never do
rests its head.

Second. I collect keys
because I have several selves
since I squeezed through the crack
in my work horizon
travelling far and wide
on urgent but possibly
futile errands.

Third. I collect keys
because their heft in my pocket calms
my all-encompassing revealing fear
of being locked out (behind this fear
there's always a man in ambush
clutching his mackintosh.)

Fourth. I collect keys
because I enjoy the pain
I feel when I'm trying to get inside
with the wrong one and a neighbour sees me
worshipping the keyhole.

Last. I collect keys
till the spaces they opened are vanished
(but don't they go up at least in smoke?)
and the next doors they'll open
begin to materialise,
appear who knows where.

Una acumulación de llaves revela,
igual que una acumulación de hipótesis,
que la verdad existe
pero tiene algo de ectoplasma.

No se puede mantener la perspectiva.
Si pones el ojo en la cerradura,
te devuelve la mirada.

Lugares que se inventan de camino

Nos gustaba impulsarnos de la mano
y salpicarnos todo el eros de política.
Como en aquella foto movida y entusiasta
que nos hicieron saltando en multitud.
Solo después supimos adónde:
cada salto inventaba su lugar.

¿Y si rompemos esto —nos decíamos—
y luego lo volvemos dulcemente a construir?
Estábamos desnudos, estábamos furiosos
y queríamos llevarnos las sobras a casa.

Con el paso del tiempo
nuestros cuerpos detenidos
transparentaron el paisaje,
o nos caímos de la fotografía
por un agujero que nadie esperaba.

De lo que hicimos
queda el lugar, un aire eufórico
y algo hecho añicos que aún respira.
La historia cruje. Y la hostigamos.
Amor es una escala de violencia.

A bunch of keys reveals,
as does a bunch of theories
that truth exists
but is a little like ectoplasm.

Perspective can't be maintained.
If you put your eye to the keyhole,
it looks back at you.

PLACES MADE UP AS YOU GO

We used to like pushing forward
and soiling our eros in politics.
Like in that rapid fervent photo
of us moshing in the throng.
Only later did we work out where:
each leap invented its own place.

What if we break this, we said to each,
and then we put it tenderly back together?
We were naked, we were furious
and we wanted to take home the leavings.

As time went by
our arrested bodies
turned the countryside transparent,
or we fell out of the photo
down a hole no-one knew would be there.

All that remains of what we did
is the place, a kind of euphoria,
and something shattered but still breathing.
History creaks. And we lash it onwards.
Love is a violence scale.

Albada Vertical

Escalador de mi fachada,
artesano del aire,
el hombre que contemplo
ensaya técnicas de altura,
conoce con sus manos la ciudad.

Cada mañana posa sus zapatillas de ave
sobre mi alféizar:
desciende sistemático, puntual
como las pesas de un reloj de cuco
y remueve con su cabeza
la paz de mis cortinas.

A veces imagino que su arnés,
celoso de mis besos, le retira el abrazo.
Mi amante vertical me mira entonces,
suspendido un instante entre las nubes,
y se esfuma
dejándome un rumor de cuerdas.

El punto en el cuello

Si lo doblase como grulla
de origami o pañuelito bordado,
cabría casi entero en una nuez.
Eso me dice el ginecólogo.
Y que lo tengo bonito.
De niña apenas: eso quiere decir.

Las mujeres con hijos tienen una raya
en el cuello del útero.
Las mujeres sin hijos tenemos un punto.
Para hablar del dilema

Vertical Aubade

Mountaineer of my façade,
aerial artisan,
the man I contemplate
is practising his high-wire act,
learning the city manually.

Every morning he perches
in his bird-trainers on my windowsill
He abseils, systematical, exact
as the leads on a cuckoo clock
and ruffles with his head
my peaceful curtains.

Sometimes I imagine his harness,
jealous of my kisses, shrugs him off.
My vertical lover gazes at me then,
hanging for an instant in the clouds,
and vanishes,
leaving behind a whispering of ropes.

The cervix dot

If you folded it like an origami
crane or an embroidered handkerchief,
it would almost fit in a nut-shell.
That's what the gynaecologist tells me.
And that mine is pretty.
Like a girl's – that's what he means.

Women with children have a dash
on the neck of their womb.
Childless women have a dot.
To talk about this dilemma

utilizamos el código morse
atando cada letra a una palabra:
Árbol-Motor-Imán-Gomorra-Árbol.

Estoy abierta de piernas.
Imposto una sonrisa
en este hospital concreto
de un mundo que es infinito
y sin embargo se extiende.
¿Su ombligo dónde está?

Cuando vuelva, y lo haré canturreando,
no voy a lanzarte el polvo que mordimos.
No voy a lanzarte el mapa de un yermo.
Voy a lanzarte una nuez.

El guardapelo de las poetisas

PARA que nunca se les olvide, las poetas llevan colgando del cuello el guardapelo vacío de las poetisas.

¿Qué hacer con su moño resignado y su croché, sus juegos sin apuesta y sus remilgos, con esa manía tan suya de escribir y tirarse de la enagua?

Me prometí quitarles a sus nombres la tachadura, como quien sabotea un cepo con un palo; no juzgarlas ni juzgar tampoco a quienes consintieron la demencia por un equívoco romántico.

Esto último me cuesta mucho.

Confesando que me gustan las isas y los ismos, y también sin medida lo contrario, me pregunto cuánto quedará en nosotros de su amor por la nadería.

En inglés isabelino llamaban *nothing* a lo que ellas tenían entre los muslos.

we use Morse code
attaching each letter to a word:
Friend-Rope-Island-Entry-Notion-Deep.
My legs are wide-open.
My smile glued-on
in this concrete hospital
in a world that is infinite
but still expanding.
Where is its navel?

When I get home, and humming a tune,
I won't throw the dust we bit at you.
I won't throw you a map of barrenness.
I'll throw you a nut.

The Poetesses' Locket

TO keep their memory alive, women poets wear the empty lockets of poetesses round their neck.

What to do with their droopy chignon and their crochet, their stake-less card-games and their prudishness, their mania for writing and their all-concealing skirts?

I promised myself to un-delete their names, like someone slashing at a snare with a stick; not to judge them, or condemn those who embraced madness from misguided romanticism.

It's an effort though.

Admitting I like –esses and –isms, and also thoroughly dislike them, I wonder what remains in us of their passion for baubles.

In Elizabethan English the word for what they had between their legs was *nothing*.

Choque de viseras

Hacía mucho sol esa mañana.
El sol te desconoce la piel.
Lo aseguró una vez el médico
acercándote su lupa como un espeleólogo:
tienes la espalda virgen, cualquiera pensaría
que cazas castores en Alaska
o custodias bosques siberianos.
La espalda intacta, eres así.

Hacía mucho sol esa mañana
y parecíamos alegres.
Empezaba otro nosotros.
Antes de bajar del autobús,
nos echamos crema mutua, definitivamente,
y llevábamos unas risibles gorras americanas
donde se leía: *desierto*.

Las viseras chocaban cada vez
que intentábamos besarnos,
pero aprendimos
como dos rinocerontes,
y eran nuestros besos imposibles,
y muy viejos, y afilados.

La Casa Encima

Tantos siglos removiendo esta tierra
que atravesó el ganado
y alimentó al ganado y a los hombres
que regaron esta tierra
con el curso negro de su sangre
-la sangre cambia de color

Visor Clash

It was a bright and sunny morning.
The sun has never seen your skin.
A doctor once remarked
training his lens on you like a speleologist:
your back is virgin territory, as if
you hunted beavers in Alaska
or worked as a forest-ranger in Siberia.
The skin of a nun, that's you.

It was a bright and sunny morning
and we looked happy.
A different us was beginning.
Before we left the bus
we took off our rings
to anoint each other with sun lotion, permanently,
and we had ridiculous baseball caps on
that read *desert*.

Our visors collided every time
we tried to kiss,
but we learnt
like two rhinoceroses
and our kisses were impossible,
and very old, and sharp.

The House Falls Down

So many years digging this earth
where cattle roamed
and which fed the cattle and the men
who irrigated the earth
with their black spilt blood –
blood changes colour

cuando sale del cuerpo-.
Tantos siglos alineando ladrillos,
aquí hubo un establo
sobre el que se construyó una iglesia
sobre la que se construyó una fábrica
sobre la que se construyó un cementerio
sobre el que se construyó un edificio
de protección oficial.
Tantas mujeres fregando sus baldosas,
pariendo en sus baldosas,
escondiendo la mierda debajo de las baldosas
que pisaron sus hijos ebrios
y sus sobrios maridos
que trabajaron y fornicaron
por el bien de un país en el que no creían.
Tantos siglos para que yo,
miembro de una generación prescindible,
pierda la fe en la emancipación,
mire el techo de mi dormitorio
y se me venga la casa/encima.

Mujer Adentro

Estoy convencido de que se escribe siempre desde algún lugar, aunque no se escriba en absoluto sobre él (una mujer toma impulso mirando la sombra que proyecta cada cuerpo que falta).

Creo además que un agujero es el destino turístico de toda posibilidad (una mujer salta con los brazos abiertos) e incluso diría que un poema sobre una piedra puede parecerse, en su forma de contestar, a un poema sobre el aborto.

Una mujer hace puenting dentro del hombre sobre el que estoy escribiendo.

on leaving the body –.
So many years brick-laying,
here stood a stable,
on top of that they built a church
on top of that they built a factory
on top of that they built
an institution.

So many mothers scrubbing its flagstones,
giving birth on its flagstones,
hiding shit under the flagstones
that their drunken sons
and their sober husbands trod in
who worked and fucked
for a country they had no faith in.

So many years so that I,
of a generation surplus to requirements,
lose my belief in emancipation,
gaze at my bedroom ceiling
and the house
falls down around my ears.

Woman Inside

I'm convinced you always write from a place, even if the place is absolutely not what you're writing about (a woman begins by gazing at the shadow cast by every missing person).

I also feel that a hole is the tourist destination of every eventuality (a woman leaps with her arms open wide) and I'd even say that a poem about a stone may be similar, in its protest, to a poem about abortion.

A woman is bridge-bungee-jumping inside the man I'm writing about.

Abolirse

Se podría afirmar: yo soy mi cuerpo.

Sin embargo, si perdiera la pierna derecha en una batalla o huyendo de la batalla o más bien en un estúpido accidente doméstico, seguiría siendo yo.

También seguiría siéndolo si perdiera las dos piernas, o incluso todos mis miembros.

¿Cuánto cuerpo tendría que perder para dejar de ser yo?

Quizás una mínima parte de mí representaría al resto por sinécdoque. O quizás mis restos me convertirían en otra.

Cortarte las uñas te modifica existencialmente.

Self cancelling

One could say: I am my body.

Yet, if I lost my right leg in a battle or running away from a battle or more likely in a stupid accident in the home, I would still be me.

I'd still be me too if I lost both legs, or even all four limbs.

How much body would I have to lose to stop being me?

Maybe a small part of me could stand for the rest in a synecdoche, or perhaps what was left of me would turn me into someone else.

Cutting one's nails alters one existentially.

Elena Medel

I will survive

Tengo una enorme colección de amantes.
Me consuelan y me aman y con ellos mi ego
se expande y extramuros alcanza la azotea.
Cuando estoy con cualquiera de ellos,
o con todos a la vez, siento la pesada carga
de millones de pupilas subidas a mi grupa,
y a mi oído lo acosan millones de improperios,
se habrá visto niña más desvergonzada / pobrecita,
Dios le libre del problema que suponen / habría
que encerrarlas a todas. Languidezco.
Quiero volar y volar y volar como Campanilla
—blanco y radiante cuerpo celestial,
pequeño cometa, pequeño cometa—
de la mano de mis amantes, que dicen cosas bonitas
como *estigma, princesa, miss cabello bonito, asteroide.*
Todo sea por mis amantes, que no son dignos de elogio:
son minúsculos, y redondos, y azules, azules
o blancos, o azules y blancos,
y su boquita de piñón es invisible,
y para besarles introduzco a los pitufos
en mi boca, y para gozar de ellos
los trago, porque me sé mantis religiosa.
Quién soy, quién soy, ni siquiera sé quién soy.
Solo los necesito cuando me desdoblo en dos,
cuando mi ego se encoge incomprensiblemente
e intramuros alcanza un punto mínimo,
cuando lloro demasiado o río demasiado,
y entonces los llamo y ellos, decidme vosotros
quién soy, mi pequeño y urgente consuelo,
se adentran en mi boca sin dudarlo, complacidos,
y me recorren por dentro, y al fin sonrío, soy,
sonrío tras sus cuatro, cinco, seis besos azules,

Elena Medel

I WILL SURVIVE

I have a vast array of lovers.
They solace me and love me and with them my ego
balloons and floats out of the window to the roof.
When I'm with one or other of them
or with all of them, I feel the heavy burden
of millions of pupils on my hindquarters,
and my ears are assaulted by millions of insults,
did you ever see such a trollop/ poor thing,
God help her with her trouble/they should
lock them all up. I languish.
I want to fly and fly like Tinkerbell –
     white and radiant celestial body
     little kite, little kite –
hand in hand with my lovers, who say pretty things
like *stigma, princess, Miss Pretty Hair, asteroid.*
All because of my lovers, who are nothing to write home about:
they're miniscule, and round, and blue, blue
or white, or white and blue,
and their little pout is invisible,
and to kiss them I place the smurfs
in my mouth, and to enjoy them
I swallow them, because I know I'm a praying mantis.
Who I am, who I am, I don't even know who I am.
I only need them when I come apart at the seams
when my ego shrinks improbably
and the room closes in on me,
when I cry too much or laugh too much,
and then I call them and they, tell me all of you
who I am, my tiny urgent solace,
pop gladly into my mouth
and run around inside me, and at last I smile, I am,
I smile after their four, five, six, blue kisses,

un balanceo en mi regazo, la sonrisa desencajada,
quién soy ahora, quién soy realmente ahora,
quizá sea una muñeca de trapo, me toman prestada,
sonrío con sus besos fríos color pitufo, color papá pitufo,
besos de colores, ligero toque frío y plástico en mi lengua,
quién soy ahora, quién soy realmente ahora.
Los comparto con muchas otras, Sylvia, Anne,
ay mis amantes pluriempleados, no lo he dicho,
mis amantes que son minúsculos, redondos y azules,
apuestos príncipes de un cuento de hadas,
cuando hago como que duermo
creen que soy la Bella Durmiente,
y entonces quiebran el relato y me besan,
y son como cualquier beso que lo es para dormirse,
buenas noches pequeñas plásticas azules y blancas,
quién soy, ya no quiero responder, no sé quién soy,
y contradigo el cuento y mi sueño es más profundo,
y no quiero despertar, no quiero, solo quiero más
besos azules, quién, besos blancos,
besos porque mi ego tambalea en el centro de mi estómago,
quién soy, besos redondos o cilíndricos,
no importa quién soy, quién soy realmente,
falo químico para mi sonrisa, quién soy ahora,
falo químico de colores para mi cabeza baja.

Arbol Genealógico

Yo pertenezco a una raza de mujeres con el corazón
    biodegradable.
Cuando una de nosotras muere
exhiben su cadáver en los parques públicos, los niños se
    acercan para curiosear en su garganta de hojalata, se
    celebran festines con moscas y gusanos, *me cae mal porque
    me hizo sonreír a mí, que soy tan triste.*

my lap asway, my lopsided grin,
who am I now, who am I really now,
maybe I'm a rag-doll, they borrow me,
I smile with their cold smurf-coloured kisses, with their daddy-smurf-
 coloured kisses,
coloured kisses, slight cold plastic feel on my tongue,
who am I now, who am I really now.
I share them with many other people, Sylvia, Anne,
oh my multi-employed lovers, I've kept it dark,
my lovers are miniscule, round and blue,
handsome fairytale princes,
when I pretend to sleep
they think I'm Sleeping Beauty,
then they break out of the tale and kiss me,
and they are like any other goodnight kiss,
night night little bits of blue and white plastic,
who am I, I won't say, I don't know who I am ,
and I contradict the tale and my sleep is deeper still,
and I don't want to wake, I don't want to, all I want
is more blue kisses, who, white kisses,
kisses because my ego is trembling in my belly,
who am I, round or cylindrical kisses,
who cares who I am, who I really am,
chemical phallus for my smile, who I am now,
chemical phallus in colours for my bowed head.

Family-tree

I belong to a race of women with biodegradable
 hearts.
When one of us dies
they exhibit her body in public parks, children come
 to gaze down her tinfoil throat, there are
 parties for flies and worms, *I hate this because it made me smile
 and I'm so sad.*

A los treinta días exactos de su muerte el cuerpo de esta
    extraordinaria raza
se autodestruye, y a las puertas de vuestras casas llaman los
    restos del alma de las mujeres sobrenaturales,
chocan contra vuestras paredes, sus empastes y sus uñas
    agujerean vuestras ventanas
hasta que sangran nuestras aortas clavadas en la tierra, igual
    que las raíces.
Al morir nos abren el estómago, examinan con los dedos su
    interior, rebuscan entre las vísceras el mapa del tesoro,
sacan sus dedos negros de todos los poemas que se nos han
    quedado dentro con los años.

Un espectáculo.

Pertenezco a una raza desarrollada más allá de los púlpitos. Soy
    una de ellas porque mi corazón mancha al tomarlo entre las
    manos, porque coincide en tamaño con el hueco de un nicho;
fresco y dulce como el de un animal, chupad mi corazón para
    que, al morir, sepan que hemos estado juntos.
Soy una de ellas porque mi corazón será abono. Porque mi
    sangre, que es la suya, sube y baja por mi cadáver como
    por escaleras mecánicas;
porque el fundamento de mi carácter, al descomponerse, se
    incorpora a una especie salvaje
que ladra y que hiere y que te lleva a su terreno, que ignora
    las afrentas, que jamás se extinguirá.

Cumpleaños

Los hombres de la familia de mi madre mueren antes de los
    cuarenta años. Se equivocan al encauzar su vida. Cuenta atrás:
    frenan el cariño, los recuerdos, *no es posible echar de menos*
a quienes no conoces. Altos, jóvenes, un golpe de viento los
    convierte en cadáver. ¿Cómo lo impedirás?

Exactly thirty days after death the body of this
    extraordinary race
self-destructs, and the remains of these supernatural women
    bang on your doors,
bounce off your walls, their teeth and nails
    gouge holes in your windows
till our aortas, deep-rooted in the earth,
    bleed.
When we die, they cut us open, poke about in our innards,
    rummage through our viscera for the treasure-map,
extract with blackened fingers the poems stuck in there
    so many years.

A show.

I belong to a race evolved beyond pulpits. I am
    one of them because my heart stains the hand
    that holds it, because it fits the hollow of a niche,
it's fresh and sweet like an animal's heart, suck on it, so,
    when you die, they'll know we were together.
I am one of them because my heart will fertilize. Because my blood,
    like theirs, flows up and down my corpse as if it rode
    escalators;
because the lees of my character, as they rot, enter
    into wild beasts
that howl and maul and drag you to their cave, and cannot
    be aggrieved, and never die.

Birthday

The men in my mother's family die before
    they're forty. Their lives take a wrong turning. Countdown:
    they put the brakes on love and memory, *you can't miss
people you've never met*. Young, tall, a puff of wind
    and they're gone. How to avert it?

Podrías velar la agonía de Juan Santiago, junto a sus cuatro
 hijos pequeños. Rezar durante el fusilamiento de Pedro
 Santiago, mientras sus huesos se funden con la tierra,
 1938, Badajoz, cuerpo y origen. Acariciar la frente de
 Joaquín Santiago, pudriéndose en una cama
con la espalda seca, dormido,
sin cumplir veinte años.

Ella creció con un vestido negro atado a los tobillos,
 disfrazada de sombra para que nadie la viera. De nacer
 hombre, habría sido inútil decir, por ejemplo, *este es mi
 hogar, aquí descansaré.*

Hoy celebro que Fernando Navarro cumple cuarenta y cinco
 años. Cuando le felicito, él toma aire y respira tan fuerte
 como si quisiera romperse los pulmones, acercarse a la
 norma; pero le tomo de la mano, sonreímos, celebramos
 todos sus recién estrenados cuarenta y cinco años.
Enterramos a su madre hace ocho días.

Tengo diez años. Entonces bautizábamos estanterías, ignorantes
 de lo que nos esperaba.
Con los años pensé: *él no pasará de los cuarenta.* Yo leería en
 su entierro un poema sobre el campo, el sol, aquello que
 está arriba y es futuro. Y Ella encadenaría funerales funeral
 tras funeral;
yo moriría a los treinta y Ella
continuaría allí, llorándonos.
Tengo diez años. Me gusta dibujar princesas guapas, montes
 bíblicos, árboles genealógicos. *Te gusta almacenar memoria
 histórica. Y las cosas que te cuentan de pequeña no las olvidas
 nunca.* Pienso en lo que no compartiremos.

En la familia de mi madre los hombres no viven más de
 cuarenta años. A las mujeres nos crecen las líneas de la
 palma de las manos, por el brazo ascienden a plagarnos el
 ostro, de un vistazo proclaman nuestra edad, naturaleza abierta.

You could sit by the deathbed of Juan Santiago, with his four little
    children. Pray while Pedro Santiago faces the firing squad,
    while his bones crumble into earth, 1938, Badajoz,
    body and origin. Caress the forehead of Joaquín Santiago,
    rotting in bed
with his withered back, asleep,
not twenty yet.

She grew up with a black dress tied to her ankles, disguised
    as a shadow so no-one could see her. Had she been born a man,
    there'd have been no use in saying: *this is my house, here shall I rest.*

Today I celebrate Fernando Navarro's forty-fifth birthday.
    When I congratulate him, he takes a big breath
    as if to burst his lungs, to join
    the others; but I take his hand, we smile, we all
    celebrate
his brand-new forty-fifth.
We buried his mother last week.

I'm ten years old. We baptised bookshelves back then,
    ignorant of what awaited us.
As the years passed I thought: *he won't make it to forty.* At his funeral
    I'd read a poem about nature, the sun, whatever is
    up there and is to come. And she would link funerals funeral after
    funeral;
I would die at thirty and She
would stay on there, mourning us.
I'm ten. I like drawing beautiful princesses, biblical
    mounts, family-trees. *You like to accumulate historical
    memory. And you never forget what you prize as a girl.*
    I think of all we won't share.

In my mother's family, the men don't live
    past forty. We women's life-lines extend from the palms
    of our hands up our arms and infest our faces, you can
    tell our age at a glance, our open nature.

Recortarán nuestro corazón por la línea de puntos; lloraremos,
   antes de tiempo, a quienes deberían llorarnos a nosotras.
Y seremos huérfanas, viudas, preguntándonos cómo nombrarnos
   cuando nuestros hijos mueren, cómo llamarme ahora que
   estás muerta.

Maceta de Hortensias en nuestra terraza: ascenso

Morado o violeta o azul sucio, más
bien: una maceta de plástico negro con una hortensia
que se asoma al balcón. La vida costaba
dieciocho euros y no había
nada que temer. Para la supervivencia compré un manual
sobre jardinería; bastaba con anotar cuándo
crecer en un tiesto de cerámica, cuándo el pulgón y cuándo
los esquejes.
Porque toda mujer se casa con su casa,
desde la terraza
mi salón con ropa de domingo:
mesa en el centro, mantel blanco, muchos platos rebosantes,
mi amor feliz,
sereno,
y en el primer plano de la fotografía
una maceta
de plástico negro con una hortensia
morada o violeta o más bien azul sucio
que se asoma al balcón.
En su sitio el estribillo de los electrodomésticos, el servicio
de dos para cada comida, todavía dos
—él, yo: las plantas cuentan por su cuenta— sentados al
almuerzo,
todavía los designios familiares —flechazo, noviazgo,
aceptación, convivencia: más tarde matrimonio, hijos, nuevos
volúmenes en el álbum de sus casas— todavía sentados
al almuerzo. Todo en su sitio.

They'll cut open our hearts along the dotted line; we'll mourn
    before their time the ones who should mourn us.
And we'll be orphans, widows, wondering what we should
    call ourselves when our sons are dead, what to call myself now
    you are dead.

Hydrangea on our Terrace: Moving in

Purple or violet or, better, dirty blue: hydrangea
in a black plastic pot, balanced
on our balcony. The cost of living
was eighteen euros and there was nothing
to fear. To keep it alive I bought
a gardening manual and noted down
when to re-pot it in ceramic,
when to check for aphids,
when to take cuttings.
Because every woman
marries her house,
from the terrace
my living-room in its Sunday best:
the table as centrepiece, with its white cloth,
and many heaped
          plates,
my love, my serene
happiness,
and in the foreground of the photograph
a hydrangea,
purple or violet or, better, dirty blue,
in a black pot balanced on the balcony.
In their proper place the white-goods sing,
the knives and forks for two at every meal, just two –
him and me: the plants don't count –
sitting down to lunch,
all the usual plans – love at first sight,

Mientras tanto, en la casa, el hombre duerme.
La mujer
no.

Maceta de Hortensias en nuestra terraza: Pulgón

Zarpa una flor desde Brasil hasta Francia,
y con su simbolismo condena a la mujer
que la riega en una maceta de plástico negro
asomada al balcón.
De haber escogido un jazmín o una begonia
para la terraza de nuestro piso de alquiler,
de haber atendido a la florista
—*la han arrancado de su hábitat: por mucho que te empeñes,*
nada sobrevive en un clima al que no pertenece—
qué escribiría hoy
dónde viviría hoy
con quién sería.
Pero la hortensia es solo una flor.
Y los rastros del daño de la piel de la planta
dejan también su rastro de daño en las manos que la cuidan
aunque la hortensia sea solo una flor.
Porque cuando todo va bien
algo se mancha.
De modo que sí, que esto es el fracaso: una mota oscura y
leve
sobre la piel,
más hebra de tizne que se marca cuando la yema del dedo
        insiste en ella
y se aferra en lugar de borrarla;

boyfriend/girlfriend, coupledom, moving
in together: later-on marriage, children, new
volumes in the album of their homes – still
sitting down to lunch. Everything in its right
place.
Meanwhile in the house, the man is sleeping.
The woman stays
awake.

Hydrangea on our Terrace: Aphid

A flower sets sail from Brazil to France
and with its symbolism condemns
the woman who waters it
in its black plastic pot
balanced on the balcony.
If I'd bought a begonia or jasmine
for the terrace of our rented flat,
if I'd listened to the florist
–they've torn it from its habitat:
however well you care for it,
      nothing survives
in an alien climate –
where would I be living now
and who with.
But the hydrangea is only a flower
and the traces of damage on its skin
leave traces of damage on the hands
of the woman who tends it
though the hydrangea is only a flower.
Because when everything goes well
it leaves a stain.
So, yes, this is disaster: a tiny black speck
on the skin,
more like a streak of soot,

más hebra de tizne que lunar
como ningún libro explicó,
más mancha que hebra, que tizne o que lunar, más
es.
Mientras tanto, en la casa, el hombre duerme.
La mujer
no.

Maceta de Hortensias en nuestra terraza: Freefall

Fiel al mecanismo de la época en la que los narradores
omniscientes
habitaban en cada personaje
ensayé la justificación: un balcón lleno de plantas
cultivando su propio idioma.
En él
      con él
            hablaba. No atendía a los consejos
por teléfono; nunca comprendí
las advertencias de los manuales de jardinería.
Pese a los genes que indicaban mi buena disposición
ante una maceta de hortensias en las peores condiciones,
no conseguí más que unos brazos de plástico negro y unos
      pechos como
         hortensias de color morado o violeta o azul sucio
cuando miento y respondo como si algo fuera bien.
Ninguna mujer se casa con sus plantas.
Ante el pulgón, dos únicos remedios: arrojar la planta a la
basura
o cederla a mis mayores. En esta situación

imprinted when the finger-tip
      presses too hard
and sticks instead of wiping it away,
more like a streak of soot
than a beauty spot,
the manual was silent on this point,
more stain than streak, than soot, than beauty spot,,
a good deal more.

Meanwhile, in the house, the man is sleeping.
The woman stays
awake.

Hydrangea on our Terrace: Free Fall

Loyal to the tradition of the omniscient
narrator, who read the minds of every
character, I tried
to make it work for me:
a balconyful of plants,
cultivating their own dialect.
In it
      to it
            I spoke. I paid
no mind to telephone advice; I ignored
the warnings in the gardening manuals.
Despite the genes displaying my good will
faced with a dying hydrangea,
all I get is black plastic arms
      and breasts like purple,
violet or dirty blue hydrangeas
whenever I lie and pretend
anything is going well.
No woman
marries her plants.

—para el insecticida es tarde—
una madre sabrá cómo actuar.
Mientras tanto, en la casa, la mujer duerme.
El hombre
ya no está.

Jericó

Al cerrarse la puerta
(...)
derrumbó nuestra casa.

Tú de repente en tres maletas:
una tuya, una mía, otra pequeña inútil —hasta entonces
compartida— como apoyo.

Nuestro piso de alquiler con dos habitaciones
era un hospital de tuberías.

Pantalones demasiado grandes;
mes de calendario.

Al abrirse la puerta
la almohada cobró su forma:
a mitad de proezas, el armario vacío.

Quédate, queda
mi piso de alquiler con dos habitaciones
ahora un coleccionista de material quirúrgico.

Only two cures for aphids:
throw out the plant
or give it to your parents,
In a case like this –
too late now for insecticide –
mother knows best.
Meanwhile, in the house, the woman is sleeping,
the man
gone.

JERICHO

When the door slammed
(…)

our house fell down.

You were suddenly
in three suitcases:
yours, mine, another little
useless one – up till then
shared between us –
to balance them.

Our two-bedroom rented flat
a hospital of tubes and pipes.

Outsize trousers:
calendar month.

When the door opened
the pillow lost its dent:
at the halfway point, the empty
wardrobe.

Nosotros de repente en tres maletas:
¿lo habías pensado ya?
Un piso de alquiler con dos habitaciones
es vientre de ballena.

Después de crecer
mi hogar lo levantaré sobre las ruinas.

Stay, oh stay
my two-bedroom rented flat
now a museum
of surgical paraphernalia.

The two of us suddenly
in three suitcases:
had it ever crossed your mind?

A two-bedroom rented flat
is the belly of a whale.

After I have grown
my hearth
I'll raise it above
the ruins.

Miriam Reyes

Haz lo que te digo

¿ES un juego de correr
un juego de cartas de mesa o un videojuego?
¿Necesito destreza física suerte o práctica?
¿He de seguir instrucciones o guiarme por mi instinto?
¿Sudaré me quedaré sin aire tensaré los músculos hasta
[el agotamiento
o repiquetearé con mis uñas sobre la mesa imitando
los cascos de los caballos que golpean mis costillas?
¿Moveré piezas de mí sobre el tablero?
¿Te como o me comes?
¿Se trata de aparentar que tienes lo que no tienes?
¿Seremos rivales adversarios compañeros?
¿Ganaremos dinero trofeos dignidad?
¿Qué perderemos?
¿La vida una oportunidad el honor la palabra el tiempo la fortuna?

¿Qué perderemos?

ESTE puede ser un buen lugar para esconder
la vida que nunca tendremos.
No llegaremos más lejos ni más cerca
aquí
donde yo tengo el control de lo que sucede
y no cabe la decepción.
Un espacio que puede expandirse o plegarse
como una tela elástica o el universo
que puede ser por igual hatillo o vestido
como la diferencia entre la palma de tu mano abierta y un puño.

—Cuando te miro se me enredan hebras en los tobillos—.

Puedo levantarme y cerrar esa puerta
o quedarme donde estoy y pedirte que la cierres.

Miriam Reyes

Do as I say

IS THIS a game of run and hide
a board-game or a videogame?
Do I need fitness luck or skill?
Should I read the rules or follow my instincts?
Will I sweat will I pant will I tense
my muscles till I faint
or will I drum my nails on the table
in time with the horse-hoofs beating on my ribs?
Will I move pieces of me on the board?
Do I eat you do you eat me?
Is it about pretending what isn't yours is yours?
Will we be rivals enemies companions?
Will we gain money trophies respect?
What will we lose?
Our lives an opportunity our honour power of speech time luck?

What will we lose?

THIS can be a good place to hide
the life we'll never have.
We won't get any further or closer
here
where I'm in control of events
and there's no room for disappointment.
A space that can expand or retract
like stretch fabric or the universe
which can be either a bundle or a garment
like the difference between the open palm of your hand and a fist,

'When I look at you threads enmesh my ankles'.

I can get up and close that door
or stay here and ask you to close it.

EL significado que le demos a esto
dependerá siempre de algo distinto
como el significado de una palabra.

Me gustaría saber qué entiendes cuando digo:
no solo de belleza se alimenta el deseo
o no mires ahora.

Aliso sobre la mesa el principio de incertidumbre
y encima coloco el humus y el pan.

No fue un poeta sino un físico quien escribió:
El hombre no encuentra ante sí más que a sí mismo.

No es tan tarde como parece al mirar afuera.

Te pido o te ordeno:
no te des la vuelta
no apagues la luz
si todavía.

TODO esto no es más
y no será nunca más
que una aproximación
a lo que sea.

SI *el lugar es la parte del espacio*
que un cuerpo ocupa
cuando digo eres mi lugar
¿significa que tú eres espacio
y yo un cuerpo que lo ocupa?

THE meaning we give this
will always hang on something else
like the meaning of a word.

I'd like to know what you understand when I say:
desire isn't only sparked by beauty
or don't look now.

I smooth the uncertainty principle out on the table
then place the hummus and the bread on top.

It was a physicist not a poet who wrote:
All a man sees before him is himself.

It isn't as late as it seems if you look outside.

I ask you or command you
don't turn round
don't put out the light
if yet.

ALL this is only
and only ever will be
an approximation
to what it might be.

IF *place is a part of space
which a body takes up,*
when I say you are my place
does that mean you are space
and I am a body taking it up?

¿o que utilizo el lenguaje para
modificar la realidad?
¿o bien que con palabras pretendo
ordenar el mundo?

¿cambia algo en ti cuando me oyes
decir eres mi lugar?
¿y en mí?
de pronto me encuentro
¿o estoy perdida?

DETESTO las imprecisiones
cuando dices todo el tiempo
en realidad deberías decir en ocasiones.
Detesto aún más la ligereza
con la que usas ciertas palabras
cómo construyes frases enteras
sin cimientos.
Cuando dices todo tiene más sentido a tu lado
siento ganas de hacerte daño
físicamente.

PARA lugares comunes
hablemos por ejemplo
del olor de la lluvia
en los días de verano.
Al menos es algo que
puede experimentarse
aunque tampoco sea exacto.

No es la lluvia lo que huele
es el asfalto mojado
los árboles plantados en las aceras

or am I using language to
modify reality?
or maybe trying to rearrange
the world with words?

does something in you change when you hear me say
you are my place?
something in me?
all at once I come to myself –
or am I lost?

I HATE imprecision
when you say all the time
what you should say is occasionally.
I hate even more how loosely
you use certain words
how you build whole sentences
on air.
When you say everything has more meaning by your side
I feel
like punching you.

AS FOR commonplaces
let's talk about say
the scent of rain
on summer days.
At least that's something
sensory
if somehow wrong.

The rain has no scent
it's the wet tarmac
the trees planted in the pavement

y la tierra bajo las aceras
el cemento de las fachadas
la madera barnizada de los bancos
y el nailon barato de nuestros paraguas.
No es la lluvia es lo mojado que huele:
nosotros a la intemperie.

POR más que lo intentas
no haces lo que te digo.

Parece que juguemos a juegos distintos:

yo digo tu voz
y tú respondes mi voz solo busca tus oídos.

yo abro una ventana
y tú colocas un decorado.

LAS preposiciones no siempre se ajustan
deberían tener gomas en las esquinas
como las sábanas bajeras
para aguantar en su sitio
las convulsiones de un cuerpo.
Cuando dices que piensas en mí no piensas en mí
piensas acerca de mí pero desde lejos.

VUELVE el calor a madurarlo todo
y nos pilla por sorpresa

el olor ácido del cuerpo sin lavar
el agua turbia olvidada en el vaso

and the earth beneath the pavement
the concrete house-fronts
the polished wooden benches
and the cheap nylon of our umbrellas.
It isn't the rain that smells, it's wet things:
the two of us lashed by the rain.

NO MATTER how hard you try,
you don't do as I say.

We seem to be playing different games:

I say your voice
and you reply my voice is for your ears alone.

I open a window,
you hang up a trompe l'oeil.

PREPOSITIONS don't always fit
they should have elasticated corners
like undersheets
to stay in place
beneath the body's paroxysms.
When you say you're thinking of me you're not thinking of me
you're thinking about me from very far away.

THE HEAT comes back to ripen everything
and takes us by surprise

the acid odour of unwashed bodies
water stagnating in a glass

donde el moho va cubriendo las espigas
y la rosa ennegrece

girando sobre la mesa las moscas
dibujan elipses de electrones en el aire

donde no existe núcleo
en el centro vacío de la casa.

A veces tengo la sensación de estar entendiendo.
Tomo nota: *solo en apariencia una cosa es dulce o amarga.*
Cuento las almendras. Las llevo a la boca. Repito en voz
alta: *solo en apariencia una cosa es dulce o amarga.* Varias
veces. Como si de repetir las palabras su significado se
aclarase o llegase a pertenecerme.

Sé o no sé o adivino o percibo o intuyo y no me importa
no me importa te juro que no me importa
si solo en apariencia tú
y yo
y todos.

ESTAMOS programados para ver causa
donde solo hay azar

la pasión por un tema o una disciplina
el ritmo idéntico idéntico el sentido del humor
ciertos puntos de vista
ciertos vicios ciertas neurosis

nos reconocemos en la misma incandescencia
como si de pronto nos hubieran colocado
frente a un espejo trucado para vernos mejor

where mould creeps over the spike
and the rose blackens

flies circle over the table
tracing ellipses of electrons in the air

where there is no nucleus
in the empty centre of the house.

SOMETIMES I feel I understand a thing.
I note down: *only in appearance is a thing sweet or bitter.*
I count the almonds. I raise them to my mouth. I repeat
out loud: *only in appearance is a thing sweet or bitter.* Several
times. As if repeating the words might illuminate
their meaning or make it mine.

I know or I don't or I guess or I see or I sense and I don't care
I don't care I swear I don't care
if only in appearance you
and I
and all of us.

WE ARE programmed to see cause
where there is only chance

The passion for a topic or a discipline
rhythm identical identical sense of humour
certain ways of looking at things
certain vices certain neuroses

we recognise each other in the same lightning flash
as if we had been suddenly set down
in front of a mirror adapted to make us more beautiful

curiosamente los experimentos demuestran
que no es la razón sino el instinto
lo que nos hace buscar coherencia
y es más común más automático
y difícil de detectar
de lo que podamos reconocer
sin ruborizarnos

de ahí la importancia de permanecer alerta
ante los peligros de la falsa ilusión de sentido
una luz que suaviza las facciones
y disimula las marcas del tiempo
una corriente que nos arrastra
borrando las evidencias

por ejemplo yo a ti
ni te encontré ni te estaba esperando
por ejemplo yo y tú
ni tenía que ser ni no ser.

De todos los extranjeros fue el primero en llegar.
Tres mil kilómetros de océano hasta tu cama
guiado por el hilo de tu voz que repetía:
esta vez llegaste a tiempo.

No había nada en su vida más urgente que la tuya.

Frente al cristal dice que quiere guardar el periódico de hoy
como ya hizo con su padre.
El día que tú moriste murieron todas las flores
la bolsa subió se consiguieron importantes avances en seguridad marítima
un coche entra a toda velocidad en una finca
y mata a cuatro personas que tomaban café en la terraza.

curiously experiments demonstrate
that it's instinct not reason
that makes us seek coherence
and it's more usual and automatic
and difficult to detect
than we can acknowledge
without blushing

hence the importance of remaining alert
to the dangers of illusory meaning
a light softening the features
and hiding the marks of time
a current carrying us away
and erasing the evidence

for instance
I didn't find you I wasn't expecting you
for instance you and me
was neither impossible nor had to be.

Of all the foreigners he was the first one there.
Three thousand kilometres to your bed
guided by the thread of your voice repeating
for once you came in time.

There was nothing in his life more urgent than yours.

At the undertaker's window he says he'll keep today's paper
as he did with his father.
On the day you died all the flowers died
the stock exchange went up important advances were made in maritime
      safety
a car drives into a garden at top speed
and kills four people drinking coffee on the terrace.

Si la vida es el cuerpo
(esa cápsula tan frágil)
tuviste fortuna
tu vida se extendió hasta los hijos de tus nietos.
No lo siento por ti lo siento
por nosotros:
alguien que nos amaba ha muerto.

Con tu cuerpo se fueron también las paredes el techo
el suelo de la casa que nunca poseíste.
Una casa no es un mérito ni un don
una casa es una propiedad.

En agosto tus hijos consumirán sus vacaciones vaciándola
discutiendo quién necesita más uno u otro recuerdo
llenando cajas
oliéndote todavía una vez más por los rincones
huyendo de los niños que esperan acostados en sus camas
el beso de mamá que no llega
en las viejas habitaciones que comienzan a desmontar.

Después de mucho trabajo
entregarán las llaves de la última inquilina.
(Tampoco tus hijos por haber nacido en ella
tienen algún derecho.)
La casa no será más que un espacio en su memoria
para aquel largo corredor donde tus pasos
seguirán haciendo crujir la madera.

If life is the body
(that fragile capsule)
you were lucky
your life was prolonged in the children of your grandchildren.
I don't grieve for you, I grieve for us:
someone who loved us has died.

With your body also went away the walls,
roof, floor of the house you never owned.
A house is not a merit or a gift
a house is real estate.

In August your children will spend their holidays house-clearing
arguing over who most needs one keepsake or another
packing boxes
smelling you once more round every corner
fleeing the children waiting in their beds
for mummy's goodnight kiss that never comes
in the old emptying bedrooms.

After much labour
they'll hand over the late tenant's keys.
(Nor do your children though they were born here
hold any title.)
The house now only a space in their memory
for the long corridor whose floorboards
still creak at your step.

¿Vas a enseñarme a vivir?
Te dejaré tocar mi colección de cáscaras
compartiré contigo las uñas que guardo en los bolsillos.

Las semillas que nos dieron
son pastillas para dormir
y del ombligo dormidos
nos crecen frutales.

Te daré de comer.
Ven.

La tierra prometida es cosa de otros.
Para nosotros la arena:
un paisaje que cambia con el viento.

Will you teach me to live?
I'll let you touch my collection of shells
I'll share with you the nail-clippings I keep in my pockets.

The seeds they gave us
are sleeping-pills
fruit-trees will sprout
from our navels as we sleep.

I'll give you food to eat.
Come.

The promised land is for other people.
For us sand-dunes:
country that alters with the wind.

Julieta Valero

La carencia vista desde Europa

Más que al crecimiento aspira a variar las formas de tu cordura.
Agárrate a ese cuerpo que mirando hacia su trópico te mantiene bien caliente.
Para todos los que trabajan la función del cielo es de viernes a domingo.
Detenerse, contemplar el paso de las nubes aún es punto de partida.
Madre naturaleza pero padre mercado.
Hemos trocado el deseo por las ganas.
Estamos listos, mediáticos, estamos muertos de escaparate y caballo sin
    llanura.
Al final lo aberrante no es la obviedad de la belleza sino la crónica de
    nuestra ceguera,
todos tan capaces de procrear, por otra parte
hay que mantener la conciencia de la cruceta y una botella en cada mano
ama cuanto puedas, come muy despacio
efectúa un único disparo provechoso para tus semejantes

y no, no es este un texto resignado, es el diptongo de la sonrisa y la calma
cuando el vaso se viste medio lleno porque ve a su sed regresar.

Un divorcio

Detengámonos en el portento de la mutilación, su instante:
el aire gira sobre sí, palpa su camisa, busca lo que falta.
La ausencia es una succión sin pecho

Julieta Valero

Poverty Seen from Europe

Don't wish for growth, wish for different kinds of common sense.
Hold tight to the body looking towards its tropic that keeps you warm.
For all working people the sky puts on its fireworks from Friday to
      Sunday.
Pausing, gazing at the passing clouds is still a starting point.
Mother nature but father market.
We don't desire now, we crave.
We are smart, connected, we swoon at shop-windows and horses with
      no grazing.
In the end what's out of sync isn't the blatancy of beauty but the
      chronicle of our blindness,
all of us so fertile, also
we must remain conscious of the puppeteer with a bottle in each hand
love as much as you can, eat very slowly
fire a bullet for humankind

and no, this isn't a stoic piece, it's the diphthong of smile and of calm
when the glass appears half full because it sees its thirst returning.

Divorce

Let's reflect on the impact of amputation, its split second:
The wind turns on itself, pats its shirt, looks for what's gone.
Absence is suction without a breast

encuentra leche detenida.

Suceden las horas abiertas como rosas de Jericó.

Es la pastoral del silencio, nuestro amor, una civilización extinta,
      alejándose en el espacio.

Y yo que salgo de tu portal cuchillo en mano y pensando en la cena...
      Es para volverse loco. Es para llegar puntual al trabajo.

He hecho un pacto con las estrellas y otros prodigios de la desproporción,

nos ignoramos armoniosamente sin embargo

lo que tú estés comiendo y esos fármacos repentinos me preocupan.

No se deja de amar lo que un día...

Lo pienso yo y asiente el cuchillo de mi mano.

Solo que los cuerpos se dilatan.

Me ocupo de ti pero mi voz es audible para presos y dementes, nada más.

Diga lo que diga hablo de una tierra maldita. Deben quemarla.

Da igual. Por tus ojos ilesos, por tu pelo extraño, creo en tu deserción y
      te ruego:

Deja de dar golpes, deja de hacerte sangre.

Esta voluntad de fricción, su proa contra el tiempo nos dará la respuesta
      que ahora encuentras envuelta en cuarzo.

Para entonces la llaga azulada sobre tus muslos parecerá la fotografía de
      un aniversario que vagamente se recuerda.

Primero te diré lo que en verdad quieres oír hoy: Cuánto nos hemos amado.

Y ahora lo único que importa:

it finds the milk-supply cut off.

The hours go on, open as Jericho roses.

In the eclogue of silence, our love, a dead civilization, spinning off into space.

And I leave your door with a knife in my hand thinking of supper… It's enough to drive one mad. Make one punctual for work.

I made a pact with the stars and other over-sized marvels,
we ignore each other's existence harmoniously but
I worry about what you're eating and those new pills.

You don't stop loving what one day…
That's what I think and the knife in my hand agrees.
If it wasn't that bodies dilate.

Though I care about you, only prisoners and madmen hear me.
Whatever I say I speak of a cursed land. They should raze it.
Never mind. By your unhurt eyes, by your strange hair, I believe in your abandonment and beg you:

Stop beating yourself up till you bleed..
This need for friction, its stand against time will provide us the answer you now discover wrapped in quartz.
And then the bluish bruise on your thighs will seem like the photo of an anniversary vaguely remembered

First I'll tell you what you really want to hear today: How much we loved one another.
And now the only thing that matters:

El número de metamorfosis bajo las aguas que con placer y dolor nos
 permitirán descansar sobre la tela de la melancolía y comentar,
 entre naranjos, los incendios de otro presente.

Amor después del amor. Apenas sabremos explicar de dónde este vino
 espléndido que envidian pequeños, díscolos dioses.

Tan adulto

Sofisticado. Algo que recuerda a las reducciones de la alta cocina.
Apenas tres escenarios: un despacho, el nocturno con cansancio y los
 fines de semana, marítima estafa del azul ante la orilla,
el desprestigio de los juramentos infantiles.
Es verdad que todos los senderos conducían a este volcado diario en
 ponerse de pie;
treinta y cinco toneladas de afectuosa normalidad y de cine.
A medio camino dos proyectiles le convencieron de la moral como fungible:
un viaje a Latinoamérica del que quiso regresar intacto
y la excelencia del sepulcro en los recitales de poesía. Mientras
el tiempo que insiste en su rizado fracaso, este rumor tectónico graduándose
 una y otra vez en su amenaza. En ocasiones
la soledad, escandalosa y ciega, el muerto reciente y su plazo para estar
 sufriendo.
Lo preocupante no es la mano diminuta que sujeta un globo sino los ojos
 que anticipan el telón del cielo y bueno,
podrían esforzarse más pero hace tiempo que ni el dolor es unitario, —
 segunda pérdida ancilar, tras los dientes de leche y el astrolabio del drama.
Aquí el origen de la religión y la farmacología.

The metamorphosis number under the waters that in pleasurE and pain
 will allow us to rest on the silk of melancholy and speak,
 between oranges, of the fires of a departed time.
Love after love. It's almost impossible for us to explain whence came
 this rich wine envied by little, impish gods.

So grown up

Sophisticated. Reminiscent of a fine sauce.
Barely three scenarios: an office, nocturnal lassitude and on weekends
 the blue swindle of the sea,
the childish promises not kept.
It's true that all roads led to this daily capsize when one stands;
thirty-five tons of affectionate normalcy and cinema.
Halfway through two missiles convinced him morality has a sell-by date:
a trip to Latin America he wanted to return unhurt from
and the sepulchral excellence of poetry readings. Meanwhile
time insists on its undulating catastrophe, this tectonic rumble gradually
 increasing its threat. Sometimes
loneliness, disgraceful and blind, a recent death and its delayed pain.
The worrying thing isn't the tiny hand holding a balloon but the eyes
 anticipating the curtain of the sky and well
they could try harder though for a while now not even pain has been
 undiluted, – second collateral loss, after the milk teeth and the
 astrolabe of the drama.
Hence the origin of religion and pharmacology.

A este paso, piensa, somatizaremos flores desde las anginas
o el caso de aquella mujer que aplastó a su bebé, alguien había mojado
    el suelo.
Claramente: a más puro el amor más estentórea la carcajada.
Por qué razón la gente mirará fósiles en los museos.
Por qué parece un cuento la indolencia de los dioses mitológicos.

SIDDHARTA EN GOOGLE

La historia del joven príncipe que sale de palacio
y descubre de pronto la enfermedad y la muerte,
la estafa. Todo ha sucedido tan rápido... La frustración,
encantadora, como el sexo. Y necesaria. Debemos
tomar mucha fruta y comprender el islam
y que el día también desearía tener veinticuatro horas
para nosotros. Pero hay, no sé, un error
de estructura; afuera y adentro, quizá.
El más grave de todos la mirada.
La piel el más delicado.

Y hay una forma de aburrimiento
saludable, la ausencia de drogas.
Aquí premian el final de la juventud con un ático.
Hoy he visto una cigüeña anidar en la punta
de una grúa desmesurada y he visto
la diagonal de la necesidad trazada por un galgo.
Nunca sabré de qué huía el jurado
no tendrá en cuenta mi conmoción pero sí
el modo en que explico la afición a atar gente.

At this rate she thinks, we'll grow flowers from our tonsils
or the case of that woman who flattened her baby, the floor was wet.
Clearly: the purer the love the louder the belly-laugh.
The reason why people stare at fossils in museums.
Why the idleness of the gods seems a fiction.

Siddhartha on Google

The tale of the young prince who leaves his palace
and comes face to face with illness, death
and lies. it happened in a flash… Frustration,
delightful, like sex. And needful. We must
eat lots of fruit and understand Islam
and that day too would like to have twenty-four hours
for us. but here's, well, a structural
error; external and internal, perhaps.
The eyes the most serious of all.
The skin the softest.

And there's a healthy
tedium, drug free.
Here they reward the end of youth with a studio flat.
Today I saw a stork build its nest on the top
of an overweening crane and I saw
the diagonal of necessity traced by a greyhound.
I'll never know what the jury was running away from
they won't consider my troubled soul but they will
how I describe my fondness for tying people up.

Con tiempo y una habitación más
o menos vacía muchos de nosotros no decepcionan.

Los que tienen hijos acceden a formas netas de desesperación.

Los del hemisferio Sur no tienen problemas con lo abstracto.
Sí desconfían de los huracanes.

En Vogue

1. Las revistas femeninas (Prólogo)

Sonaba su teléfono. Al abrir el bolso, el timbre se dispersó como una película rápida sobre el crecimiento de la hierba. Lo cierto es que estaba lleno de crías rosadas, picos hacia la luz. Lo insólito cursa como veneno encefálico, simplificador: le extrañó que todas pusieran tanto empeño en sobrevivir.

2. Alta costura / *But I love Hitler*

Tantas veces contemplando nuestro cuerpo como una *pietà* ingrata: lo que sobra, lo que falta, cuanto no es.

Fíjense en ese alfeñique que espera a declarar tembloroso: lo crean o no es el primero que gimió ante un pie de loto, el que exigió que todas las cinturas tuvieran el ancho de su fe en la viabilidad del amor.

3. El juicio. *Strike a pose*

Preguntada a las puertas babilónicas del juzgado, la señorita Nos, que vestía en su condición de imputada y víctima un discurso a rayas negras y blancas, declaró:

With time and a more or less
empty room many of us won't disappoint.

People with children have access to lucid despair.

People from the Southern hemisphere don't have a problem with the
   abstract.
But they do fear tornados.

In Vogue

1. Women's Magazines (Prologue)

Her telephone was ringing. When she opened her bag, the sound scattered like a speeded-up film of grass growing. The fact is it was full of pink chicks, beaks towards the light. The unwonted flows like encephalitic venom, simplifying things: she was surprised at how they strove to stay alive.

2. Haute Couture / But I Love Hitler

So many times considering our body as an unattractive *pietà:* what there's too much of, too little of, what simply isn't there.

See that quivering runt waiting to give his evidence: believe it or not he's the first man who moaned at the sight of a lotus foot, the one who demanded his waists should be as narrow as his belief in love.

3. Verdict. Strike a Pose

Called before the Babylonian portals of the court, Miss Nóos, wearing, as befitting her status of defendant and victim, a black and white striped discourse, declared:

"Karla, Gianni y el malogrado Steve se afanan en maquillarnos. En realidad no ensalzan nuestros rasgos, los permutan. Tristes ancianas tostadas por la deflagración de su misoginia... Son a la idea de la mujer lo que los cuervos al sexo entrañado. No hablo de pájaros, anoten eso."

Al juez le ha llevado toda su carrera instruir este sumario; cuando al fin llama al portavoz del jurado, la indignación le ha restituido a sus dieciséis.

Como siempre, la condena es cuanto te has perdido.

In the mood for love

> *En algún lugar alguien está viajando furiosamente hacia ti*
> John Ashbery

Iba a decirte No vengas
que conozco la trampa del paraíso: limbo, piedra y abandono.

Pero es tan incómodo estar vivo.

Este festín, defectuoso porque cursa, defectuoso porque termina.
Todo tiene el mismo cuerpo que la vida.
Todo está mal.

De modo que tú, ciego cometa que trabaja, compra
y algunas mañanas de festivo alcanza verdades... Ven.

Cuando la revuelta del encuentro amaine
y ames mi cuerpo y la forma de mis dientes
y el error de estas manos exactamente distintas a las que imaginabas
te conmueva como una revelación
te daré tres mentiras contra el frío

Karla, Gianni and the wretched Steve busy themselves obsessively with our make-up. Actually they don't bring out our features, they distort them. Sad old ladies burnt in the flames of their misogyny… They are to the idea of woman what the raven is to mutual sex, take note, I don't mean the bird.

The judge has spent his whole career preparing his instruction. When he finally calls upon the chairman of the jury, indignation has restored him to his 16-year-old self.

As always, the sentence is everything you have mislaid.

In the mood for love

> *Somewhere someone is travelling furiously towards you*
> John Ashbery

I was going to tell you Don't come
I know the snares of paradise: limbo, stone, abandonment.

But it's so hard to be alive.

This banquet, flawed because it flows and because it ends.
Everything is made of the same stuff as life.
Everything is wrong.

So you, blind comet, working, buying,
some weekend mornings glimpsing truths… Come.

When the tumult of our meeting lessens
and you love my body and the shape of my teeth
and the error of these hands you imagined so differently
moves you as a revelation
I'll give you three lies against the cold

no debes tener miedo
no estás solo ni hay la sentencia
desde hoy la catástrofe consiste en no salir a la vez.

Previo al Sol

#spanishevolution

Desnudas de cintura para abajo, las jóvenes parejas aguardan en el patio a que el último se decida a salir. Quieren hablar del lugar de la vergüenza, sin duda la inmovilidad. Pero es que tras acotarla, madre, tras tirotear sus paredes, escribir una ópera a su costa, llegaron correos casi niños sobre caballos reventados: en sus manitas, ciertas razones comunales parecían cascabelear.

Qué del movimiento ahora, ese de nuestros saltos a piscinas bajo pérgolas amarillo juventud, amarillo indetectable desgracia: en tus narices doctoradas se produce un saqueo temporal y tú ni te enteras o bebes para tropezar delgadamente a la salida de tugurios en madrugada.

Trémulos de cintura para abajo, funcionarios de la fecundidad, vemos por el canal permanente a todos esos chicos del Sur. Han descubierto que una multitud tiene su centro en cada una de las partes. Colibrí inmune a las técnicas de interrogación.

Con plural de frío, vamos haciendo pan y vamos haciendo crítica: récord de paz sin enmiendas pero demasiados años de lactancia, demasiada oralidad. Hemos santificado la siesta, sí, pero ahora nuestros deseos se adelantan veinte décadas a la moral de quienes venían a arroparnos.

Sácate la escaramuza de la boca y piensa en formas del sonido que trasciendan la representación. Más arriba, digamos que en los fiordos del Mediterráneo, miles de hombres se afeitan sin apenas luz y añoran el mar. Andan demostrándose, demostrándonos, fabriles de sí.

you mustn't be afraid
you aren't alone there is no judgment
from today catastrophe consists in not leaving together.

Before Sol

#spanishevolution

Naked from the waist down, the young couples wait in the yard until the last person has made up their mind to emerge. They want to speak of the place of shame, probably that's why the delay. But the thing is after locking it away, mother, after shelling its walls, writing an opera at its expense, couriers barely adult turned up on winded horses: political reasons seemed to jingle in their tiny hands.

What of the movement now – our diving into swimming-pools under youth-yellow,hidden-sorrow-yellow pergolas: your doctored nostrils shut down temporarily and you don't even notice, or you drink till you totter out of dive-bars at dawn.

Quaking from the waist down, we watch all those guys from down south on the 24 hour channel. They've discovered a crowd has its centre in each one of its parts. A hummingbird immune to interrogation techniques.

Plurally cold, we make bread and we make our protest: unadulterated peace record but too many years lactating, too much orality. We've made the siesta sacrosanct, yes, but now our desires are twenty decades in advance of the morality of those who came to cover us up.

Take the slogans from your mouth and think of the forms of sound that transcend representation. Further off, in the Mediterranean fjords let's say, thousands of men shave in the half-light and long for the sea. They show themselves, they show us, self-made men.

La ministra de Trabajo llora al anunciar las nuevas medidas; en otro costado de la fontana barroca, el rostro del presidente se pone extrajudicial y legendario "Sí, lo hemos ejecutado; quien piense que no lo merecía es que tiene un problema mental".

En red las instrucciones; también la posibilidad de errar. Unas monedas por tu espalda. Un FIN.

Niño soñado

Baviera, noviembre de 2012

María, hay nieve por todas partes.

Los árboles se visten de caída, detienen
la breve desgracia.

Para que sepan
los copos, les leo: que nos convertimos
en nosotros mismos cuando algo
nos es concedido o nos es
arrebatado.

Sangre qué dura
la que se espera.

The Employment Minister weeps as she announces the new measures; on the other side of the baroque fountain, the president's face turns extra-judicial and pious 'Yes, we've passed the decree; anyone who thinks they didn't have it coming has to be insane.'

On the net the instructions; also the potential for error. Some coins for your back. An END.

Dreamt child

Bavaria, November 2012

María, there is snow everywhere.

the trees are dressed in snowfall, they halt
the brief disgrace.

                    I read to the snowflakes
to explain: we are changed
into ourselves when something
is given us or
taken away.

         Enduring blood
desideratus.

Mountain-climbing

'De la montaña que nos vedaron bajan hombres enloquecidos agitando sus manuales de razón trascendental. Ignorarlo es agacharse como un desclasado frente al espejo.'
—Erika Martínez

'Down from the mountain they forbade us swarm frantic men, brandishing their manuals of transcendental reason.' The mountain is of course Mount Olympus, and the frantic men Spain's all-male poetry establishment bent on excluding women from all their activities. 'Not to confront them,' continues Erika Martínez, 'would be to bow one's head in shame in front of one's own mirror.'

Women poets have only been published in numbers in Spain in the last 25 years and still account for only 15% of the poetry books published every year. The Premio Nacional de Poesía has been awarded 52 times and been won by a woman 4 times. It isn't at all uncommon for influential anthologies to be all-male or include at most one or two women among twenty men. Women are usually absent from the lists of the most venerable publishers. The founder of *Visor,* Jesús García Sánchez, known affectionately as Chus Visor, recently declared in *El Mundo*'s culture supplement: '…women's poetry doesn't bear comparison to men's. There wasn't an important woman poet in the whole of the twentieth century and there isn't one now.'

This neglect and disdain (gradually diminishing in the new generation) and the consequent delay in the appearance of Spanish women poets in translation was one of the motives for this anthology, but to bring their musical, lucid, forthright poems to English readers is its principal intent.

Women, themselves, have set up resistance to the stubborn hegemony of the patriarchy and are bringing about a revolution in poetry. Elena Medel, included in this anthology, established her own publishing house, *La Bella Varsovia,* described by Andrés Barba as having the most significant catalogue in current Spanish poetry. She publishes four of the poets here; her books are also remarkable for their beautiful cutting-edge design.

These ten poets form a polyphony of voices. Some have elected to confront gender identity head on, some to ignore it completely. Erika Martínez believes that it's impossible to write poetry that isn't imprinted

with one's gender 'Even if you try and resist, that's what you end up doing, but the way it happens is very complex. Sometime it's explicit, sometimes implicit.' Male critics' stereotype of women's poetry is that it's all about the self, the body, love, sex, relationships. Martínez accepts that this one of the ways women are subverting the canon, by causing men discomfort. Berta García Faet considers that ' the emphasis on feelings is another spin on the literary-ideological stereotype of women's poetry as 'confessional' and 'sentimental'. I have poet friends who renounce completely this territory, and I find that fascinating, but for myself I say, okay if you expect me to be romantic and talk about my body, I will, but I'll do it so radically, to such an extreme, that I explode the stereotype.' García Faet accepts the label 'neo-romantic' which she defines as 'transcending a paralysing scepticism, and making a leap of faith into what is not the void but something else – I don't know what exactly, but to speak of the void is defeatist… I'm trying to rid myself of that pugilistic lexicon.' *Pugilistic* because 20th century Spanish male poets had seemed obsessed with the abyss, *la nada*, and existential dread.

Miriam Reyes' book, *Do as I say*, an account of a love-affair, perhaps begins romantically with the wish to enter the lover's bloodstream, 'to live in a cave in your body' but founders when looked at with a critical eye. 'It's inadvisable to invest all one's hopes in another body', the 'I' of the poems realizes and embarks on the rebuilding of her separate identity, a kind of rebirth. 'I hate imprecision', she remarks having subverted the categories of male and female in her forensic analysis of the relationship.

Elena Medel cleverly charts the course of a doomed love-affair through the symbol of her pride in her perfect apartment ('Because every woman / marries her house'): a potted hydrangea. The plant is tended with love and a gardener's manual, and is the unsuspecting focus of future plans, marriage, children. These are the woman's plans: 'meanwhile the man is sleeping. / The woman / stays awake.' The hydrangea develops black spot, then aphids, then 'the man is gone'.

María Eloy García brings a coruscating wit to her satires of coupledom: controlling partners, mothers-in-law ('widows of fright') who sleep between the happy couple, or, in her *Song turning forty*:

> Now wrath is my husband
> and his mother comes round every Saturday
> to jam together the two bunk-beds
> of the *children of wrath*.'

Then there are her robot children of bionic lovers, 'who would put out the eyes of birds / with their metallic hands.'

Mercedes Cebrián expresses a similar scepticism about children: 'You wouldn't credit it if I told you, / but a couple I've known for a while / have produced a miniature human being.' In response to a question from a thoughtless friend, Pilar Adón's poem *Who will care for me when I am old?* reflects on childlessness: 'if I am nobody's mother'. Erika Martínez states bluntly: 'If I am nullipara / the life I withhold / destroys no life / Right?' And Julieta Valero evokes a future child, a *Dream Child*, but 'how hard / the awaited blood'. She also remarks in another poem, 'People with children have access to lucid despair.'

These ten poets belong to the first generation whose lives have been lived free of the long shadow of Franco's dictatorship, in the bright promise of the new democracy. They are, however, well aware of their parents' and grandparents' suffering, the latter, according to Martha Asunción Alonso, 'who had sweated all / their country's blood', and the former 'a nation of sleepwalkers'. They have an ambivalent take on the new consumer paradise. Mercedes Cebrián, in particular has mocked its absurdities with a wild surreal humour. 'I represent modernity', she declares, with her perfect cosmetic dentistry, and her woman orthodontist who takes city breaks abroad 'just for fun'. She uses the kiwi fruit as a metaphor for the quest for novelty and how soon it loses its savour. 'But who did you think you were, girl from Castile, / to be handed the country of your heart's desire?'

Julieta Valero's poem *Poverty Seen from Europe* is in a similar vein:

'For all working people the sky puts on its fireworks from Friday
                                                                     to Sunday…
Mother nature but father market.
We don't desire now, we crave.
We are smart, connected, we swoon at shop-windows.'

But the poem ends with a foreboding: 'the glass appears half full because it sees its thirst returning', and the 2008 global recession, and the subsequent austerity, were particularly catastrophic in Spain. There are two vivid poems here on the Madrid Occupy movement based in the Puerta del Sol, by Martha Asunción Alonso, and Julieta Valero.

The life of one of those left behind by prosperity and modernity is chronicled by Graciela Baquero Ruibal in her book-length sequence of prose poems *Chronicles of Olvido*, a selection of which are included here.

Olvido is living a rackety life as a homeless woman on the streets of Madrid when she hails the poet and claims her for a sister, and guides her through her subterranean world till their two identities almost merge:

'She loses for me, sickens, flees, blasphemes, takes drugs, breaks, while I look on from a distance of strange health.
But I'm not safe. I bleed from my Olvido's body, without leaving a stain, in all this stranger's hurt.'

In her sequence, *Decalogue,* Pilar Adón depicts brutal rural poverty from the point of view of an abused wife, the hunter and his prey.

The ten poets brought together here are very different in their poetics and in their poetic voice, but as a group they represent very well the richness of current Spanish poetry.

Biographical Notes

Pilar Adón (Madrid, 1971) has published the poetry collections *Da dolor* [It hurts] (La Bella Varsovia, 2020), *Las órdenes* [Orders] (Madrid Booksellers' Guild Book of the Year Award, 2018), *Mente animal* [Animal Mind] and *La hija del cazador* [The Hunter's Daughter] (La Bella Varsovia, 2018, 2014 y 2011, respectively). She has also published two collections of short stories and two novels, and has translated books by, among others, John Fowles, Penelope Fitzgerald, Henry James and Edith Wharton.

Martha Asunción Alonso (Madrid, 1986) currently teaches at the University of Alcalá de Henares, and has a doctorate in French studies from the Complutense University of Madrid. Her poetry has received numerous awards, and her publications include *Archipiélago* [Archipelago], a selected poems (2019, Tegucigalpa, Ed. Nacional Universitaria), *Balkánica* [Balkan] (Torremozas, 2018), *Wendy* (Pre-textos, 2015), *No tan joven* [Not so young] (Eds. del 4 de agosto, 2015), *Autorretrato* [Self-Portrait] (Ejemplar único, 2015). She also translates Francophone authors into Spanish.

Graciela Baquero is a poet and a teacher of philosophy, an actor and a singer. She also works in the publishing firm Mundos Posibles which she founded with Daniel Giménez. With the latter she recorded the CD *Sobre el amor y otros animales* [On Love and Other Animals]. Her books include *Pintura sobre agua* [Painting on Water, 1990, 2011], *Contactos* (1985), *Los ojos boca arriba* [Eyes Up, 1986], *Oficio de frontera* [Border Duty, 1988], and *Crónicas de Olvido* [Tales of Olvido, 1997, 2008]. She has won the Universidad Politécnica de Madrid poetry prize and the Internacional Puerta de Oro prize for short fiction. She is a member of the theatre company La Típica en leve ascenso which has toured Spain and Argentina with the show *Como por un tubo* for several seasons with great success.

Mercedes Cebrián writes fiction, essays, journalism for *El País*, and poetry, and has translated Georges Perec, Alan Sillitoe, Miranda July and Sigrid Nuñez. Her books include *El malestar al alcance de todos* [Affordable Angst], stories and poems (2004), *Mercado común* [Common Market], poems (2006), *13 viajes in vitro* [13 voyages in vitro], chronicles (2008), *Cul-de-sac*, short stories (2009), *La nueva taxidermia* [The New Taxidermy, 2011], *El genuino sabor* [Authentic Taste], novel, (2014), *Verano azul: unas vacaciones en el corazón de la transición* [Blue Summer: holidays in the new democracy], essay, (2016) *Malgastar* [Squandering], poetry, (2016).

Her poetry has been published in a number of UK magazines including *Modern Poetry in Translation, Long Poem Magazine, Poetry London, Poem, Shearsman* and *Acumen.*

María Eloy-García (Málaga, 1972) has a degree in Geography and History. Her poems have been translated into German, Italian, Greek, Portuguese, Croatian, Serbian, Macedonian, Catalan, and now English. The poems in the anthology are taken from *Cuánto dura cuánto* [How long does all this last, 2010] and *Los cantos de cada cual* [Songs of Everywoman, 20130. A selection of her poems in English appears in the current issue of *The High Window*. Her latest book of prose poems, *Los habitantes del panorama* [Inhabitants of the Panorama] appeared in 2019.

Berta García Faet (Valencia, Spain, 1988) is a poet and translator and the recipient of numerous literary prizes. She is the author of several books of poetry: *Corazón tradicionalista. Poesía 2008–2011*, (La Bella Varsovia, 2018), *Los salmos fosforitos* [Fluorescent Psalms] (La Bella Varsovia, 2017), *La edad de merecer* [The Eligible Age] (La Bella Varsovia, 2015), also translated into English by Kelsi Vanada as *The Eligible Age* (Song Bridge Press, 2018). Most recently she won the Premio Nacional de Poesía Joven Miguel Hernández, 2018.

Erika Martínez's first collection *Color carne* [Flesh-coloured, 2009], won the Radio Nacional de España Young Poets prize. Her second, *El falso techo* [The False Ceiling, 2013] was a finalist for the Quimera Prize and chosen as one of the five best collections of the year by *El Cultural*. She has also published a book of aphorisms *Lenguaraz* [Motormouth, 2011]. Her latest collection is *Chocar con algo* [Clash, 2017]. She teaches Latin American literature at the University of Granada.

Elena Medel is the editorial director of La Bella Varsovia, an independent poetry publisher. She has published the poetry books *Mi primer bikini* (2002; translated into English by Lizzie Davis, *My First Bikini*, 2015), *Tara* (2006) and *Chatterton* (Loewe Young Poets Prize, 2014) and the chapbooks *Vacaciones* [Holidays, 2004] and *Un soplo en el corazón* [Heart-murmur, 2007]; she is also the author of *El mundo mago* [The World of Wonders, 2015], an essay about Antonio Machado. Medel has collected her poems in the volume *Un día negro en una casa de mentira* [A Dark Day in the House of Lies, 2015], and she has been translated into a dozen languages. In 2018 she published the essay *Todo lo que hay que saber sobre la poesía* [All You Need to Know About Poetry] and in 2019 the novel *La pequeña Princesa* [The Little Princess].

MIRIAM REYES was born in Galicia, brought up in Venezuela, and now lives and works in Barcelona. She has published six books of poetry: *Espejo negro* [Black Mirror, 2001], *Bella Durmiente* [Sleeping Beauty, 2004], *Desalojos* [Displacements, 2008], *Haz lo que te digo* [Do as I say, 2015], *Prensado en frío* [Cold Pressed] (a computer-randomised mash-up of the previous book with interactive possibilities) and *Sardiña* [Sardine (in Galician, 2018]. She is also a film-maker and translator and experiments with audiovisual literature and multimedia recitals.

JULIETA VALERO, poet, essayist and arts administrator, has published five collections of poetry, *Altar de los días parados* [Altar of stalled days, 2003], *Los heridos graves* [The gravely wounded, 2005], *Autoría* [Authorship, 2010], which won the Cáceres and Ausiàs March prizes, *Que concierne* [Concerning] was chosen as one of the three best poetry books of 2015 by *El Cultural* and *ABC* and *Los tres primeros años* [The First Three Years] was chosen as one of the best collections of 2019 by *El Mundo*. Her books have been translated into German and Italian, and her poems into many other languages. She has worked in publishing, arts administration, has led poetry workshops, and is director of the Fundación Centro de Poesía José Hierro in Madrid.

TERENCE DOOLEY's translation of Mariano Peyrou's *The Year of the Crab* was a Poetry Book Society Recommendation for Spring 2019. He has translated Eduardo Moga's *Selected Poems*, and his translation of Eduardo Moga's anthology *Streets where to walk is to embark: Spanish Poets in London* and of *(Sur)rendering* by Mario Martín Gijón appeared earlier this year, all with Shearsman Books. His own poems, *The Why of It*, are published by The Argent Press. He has a poem nominated for the Forward Prize 2020. He is Penelope Fitzgerald's literary executor and has edited her essays, *A House of Air*, and her letters, *So I Have Thought of You* for 4th Estate.

www.ingramcontent.com/pod-product-compliance
Lightning Source LLC
Chambersburg PA
CBHW022010160426
43197CB00007B/362